ADORNO E O DIREITO

PARA UMA CRÍTICA DO CAPITALISMO
E DO SUJEITO DE DIREITO

LUIZ ISMAEL PEREIRA

ADORNO E O DIREITO

PARA UMA CRÍTICA DO CAPITALISMO E DO SUJEITO DE DIREITO

EDITORA
IDEIAS&
LETRAS

DIREÇÃO EDITORIAL:
Marlos Aurélio

CONSELHO EDITORIAL:
Fábio E. R. Silva
Márcio Fabri dos Anjos
Mauro Vilela

COORDENADOR DA SÉRIE:
Alysson Leandro Mascaro

COPIDESQUE E REVISÃO:
Luiz Filipe Armani
Pedro Paulo Rolim Assunção

DIAGRAMAÇÃO E CAPA:
Tatiana Alleoni Crivellari

ILUSTRAÇÃO DA CAPA:
Formas e ângulos
Gravura de Alysson Leandro Mascaro

Série Direito & Crítica

Todos os direitos em língua portuguesa, para o Brasil, reservados à Editora Ideias & Letras, 2018.

1ª impressão

EDITORA
IDEIAS&
LETRAS

Rua Barão de Itapetininga, 274
República - São Paulo /SP
Cep: 01042-000 – (11) 3862-4831
Televendas: 0800 777 6004
vendas@ideiaseletras.com.br
www.ideiaseletras.com.br

Dados Internacionais de Catalogação na Publicação (CIP)
(Câmara Brasileira do Livro, SP, Brasil)

Adorno e o direito: para uma crítica do capitalismo e do sujeito de direito/
Luiz Ismael Pereira
São Paulo: Ideias & Letras, 2018.
Bibliografia.
ISBN 978-85-5580-035-1
1. Adorno, Theodor W., 1903-1969 2. Cidadania 3. Direitos sociais 4. Escola de Frankfurt de Sociologia 5. Filosofia do direito 6. Filosofia política 7. Marxismo I. Mascaro, Alysson Leandro. II. Título. III. Série.
18-12530   CDU-34:32

Índice para catálogo sistemático:
1. Filosofia adorniana: Direito e política 34:32

Permita-se a um não jurista dizer, depois de uma terceira leitura das leis de emergência, com a consciência de que não está tratando de uma questão jurídica, mas sim de uma questão social e política.

Theodor W. Adorno

SUMÁRIO

PREFÁCIO 9
APRESENTAÇÃO 15
INTRODUÇÃO 19
O marxismo de Adorno 21

1. DA TRADIÇÃO DA CRÍTICA FILOSÓFICA MARXISTA DO DIREITO A THEODOR W. ADORNO 33
1.1. O marxismo como crítica da filosofia do direito tradicional 33
1.2. O direito não tem história 36
1.3. Forma jurídica e forma mercantil 42
1.4. A forma jurídica na dominação de classes 47

2. PARA UMA FILOSOFIA ADORNIANA DO DIREITO 59
2.1. Dominação econômica do consciente e do inconsciente 61
2.2. O espírito da autoconservação nas figuras míticas 64
2.3. "A mimese do que está morto" 69
2.4. Justiça distributiva: justiça e direito 74
2.5. Direitos humanos 83

3. A IMBRICAÇÃO ENTRE FILOSOFIA DO DIREITO E FILOSOFIA POLÍTICA EM ADORNO — 91
3.1. O indivíduo e o Estado — 92
3.2. A questão da democracia e da cidadania — 101
3.3. O Estado e o nazismo — 110
3.4. A educação para a emancipação — 113

4. AINDA DIREITO E POLÍTICA EM ADORNO: AUSCHWITZ — 117
4.1. A aproximação com a morte — 118
4.2. O direito do condenado: a tradição dos oprimidos — 123
4.3. Direito, cidadania e transformação social: redenção "à luz messiânica" — 125

CONSIDERAÇÕES FINAIS — 129
REFERÊNCIAS — 133
Obras de Theodor W. Adorno — 133
Referências gerais — 137

PREFÁCIO

Quando os meados do século XX revelaram enfim – sob espanto dos olhares até então esperançosos de revolucionários e reformistas – a supremacia de um modo de sociabilidade plenamente estruturado pela mercadoria e a derrocada das tentativas de conscientização, esclarecimento e luta da classe trabalhadora e das vastas multidões oprimidas e exploradas por todo o mundo, fraquejaram os variados esquemas organicistas – classes, grupos, povo, vanguarda – que mobilizavam a crítica e a ação transformadora. As massas ocidentais foram mais fascistas que socialistas; a universidade se acomodou com o saber técnico; os partidos se adaptaram à dinâmica do Estado e da democracia liberal. Neste momento, desponta, incomodamente, o pensamento dos frankfurteanos, assentando a crítica na negatividade, contra a própria razão e, também, na desesperança acerca dos mecanismos tradicionais que anunciavam a escatologia do novo tempo. Era preciso cortar ainda mais fundo na carne da sociabilidade para poder um dia imaginá-la e torná-la outra.

Luiz Ismael Pereira, neste livro *Adorno e o direito*, avança na reflexão sobre a – posteriormente chamada – Escola de Frankfurt, destacando, em especial, o pensamento de Theodor Adorno, momento mais alto e nodal para a configuração do que se compreende por teoria crítica. Pereira assim o faz por meio das bases e parâmetros do marxismo, de modo a perseguir as importantes contribuições adornianas, suas variações, mudanças e também suas distâncias em relação a Marx e sua tradição. Para tanto, dialoga tanto com cânones internacionais da interpretação marxista e adorniana – como Fredric Jameson – como com brasileiros, de Olgária Matos a Márcia Tiburi, por exemplo. Pereira, resgatando o debate já construído e consolidado entre os adornianos, investe na reflexão acerca da continuidade ou da descontinuidade do marxismo nas fases do pensamento de Adorno que, de modo geral, é marcado pela contraposição ao modelo soviético e ao "pensamento oficial dos países do Leste".

Antecipando a compreensão – recorrente na crítica atual – de que o modelo soviético em muito pouco se distinguia da própria estrutura geral do modo de produção capitalista, sendo-lhe uma contrafação, Adorno aponta para uma dúplice dominação econômica do capital nas sociedades industriais contemporâneas. De um lado, nas próprias relações de produção, clivadas em classes e estabelecendo uma sujeição objetiva; de outro lado, um movimento estrutural nos – e a partir dos – próprios indivíduos: uma dominação subjetiva. Aqui, a indústria cultural é elemento-chave para o entendimento da formação da subjetividade. O capitalismo não opera na base das singularidades e idiossincrasias individuais, mas a partir de um grande complexo industrial da cultura constituindo os sujeitos. Aquele campo depois conhecido como da ideologia – e mesmo, aqui, os aparelhos ideológicos –, bem como as atuais reflexões acerca do fetichismo da mercadoria, encontram na noção de indústria cultural um elemento central de sua forja.

O maquinário da indústria cultural está assentado em um arco de instituições da dominação que vai da arte ao direito. Se a arte em Adorno é um de seus temas maiúsculos e extensivamente tratado, o direito é incidental e ainda pouco vasculhado pelos adornianos a partir de então. A investigação de Pereira revela seu ponto nodal: desvendar o direito no pensamento de Adorno, mostrando sua posição, seu papel e seu relevo no quadro geral de sua filosofia.

A crítica adorniana ao direito investe contra seus fundamentos liberais, suas pretensões e esperanças vendidas ideologicamente aos indivíduos. O desespero dos injustiçados se orienta a pleitos jurídicos, mas estes são, exatamente, mecanismos da própria reprodução do capitalismo; a sociedade da mercadoria é a sociedade do direito. Luiz Ismael Pereira demonstra, num grande cotejo de Adorno com a melhor tradição jurídica marxista – Pachukanis sendo seu mais alto expoente – como a forma de subjetividade é o núcleo do direito e uma derivação necessária da forma mercantil.

A partir da crítica às contradições do sujeito e do sujeito de direito desenvolvem-se as reflexões de Adorno sobre a relação entre o indivíduo e o Estado, a justiça como injustiça e a violência jurídica. Despontam também, a partir daqui, suas reflexões sobre os direitos humanos. Adorno não os toma como generalidade salvadora da paz, investindo contra a concórdia que o discurso dos direitos humanos levantava após a Segunda Guerra Mundial. Era preciso investigar quem desenvolve tal discurso, em nome de quem se falava, com qual finalidade se o propunha. Neste sentido, a conversão dos direitos humanos à sua materialidade social demonstrava a sua ligação inexorável ao domínio burguês.

Trazendo à berlinda o direito e os direitos humanos, Adorno expõe, como lembrança e símbolo da verdade da sociabilidade presente, Auschwitz. A regressão fascista dá a dimensão da barbárie como típica do capitalismo, pois os fundamentos que levaram a Auschwitz não foram apenas idiossincrasias daquele momento; prosseguem. Os campos econômico, político, cultural, ideológico – e Luiz Ismael Pereira aqui nos traz o jurídico –, são estruturados por uma lógica da acumulação, da indiferença mercantil, da quantificação de tudo e todos, que não pode ser combatida com discursos iluministas de razão contra as trevas. A barbárie é a razão. Razão instrumental, que faz do mundo um movimento do capital e que não pode conhecer, portanto, barreiras de fraseologias de paz ou direitos humanos ou petições por dignidade. O direito não é outro que não o próprio capitalismo, cuja dinâmica tem na regressão um de seus recônditos inexoráveis. Mesmo com toda a prédica liberal no pós-Segunda Guerra por direito, paz e dignidade – e talvez também apoiada nela –, a persistência de Auschwitz é a marca da barbárie que estrutura a sociedade.

É verdade que o legado da Escola de Frankfurt não foi tão radical quanto suas afirmações mais agudas, como o revelam os fatos do próprio final de vida de Adorno. Mas, ainda mais, herdeiros como Habermas encontraram no direito o escoadouro de esperanças que se tornaram, então, tipicamente liberais. O clamor radical de Adorno não foi ouvido pelos seus. Luiz Ismael Pereira, neste livro, a partir de uma perspectiva marxista, revela as contradições internas a Adorno e também de seus sucessores. A razão instrumental dominou a própria crítica a ela. No entanto, Pereira expõe o quanto as poderosas proposições adornianas são guias para nosso tempo. Auschwitz persiste. A sociedade capitalista, nos momentos presentes do século XXI, verifica quadros de fascismos que não permitem imaginar que o direito venceu a barbárie. A crítica ao direito é necessária inclusive porque seu louvor repõe, todas as vezes, a regressão aos seus pés.

Luiz Ismael Pereira oferece ao público leitor um legado teórico fundamental para a reflexão e as lutas de nosso tempo.

Acompanho há muitos anos sua valiosa trajetória acadêmica e teórica, desde quando muito jovem foi meu aluno de graduação, tendo orientado, posteriormente, seu mestrado e seu doutorado na Universidade Mackenzie. Em tantos anos, pude perceber as especiais qualidades pessoais e intelectuais que o distinguem sobremaneira, bem como seu posicionamento político firme em favor das melhores lutas sociais. Pesquisador e docente de primeira grandeza, é professor da Faculdade de Direito da Universidade Federal de Viçosa, em Minas Gerais, tendo sido também Professor da Universidade Federal do Rio de Janeiro. Tenho a felicidade de, aqui, ver sua dissertação de mestrado tornar-se o livro que ora vem a lume.

Pensar Adorno é avançar na compreensão das contradições do capitalismo e da própria razão. Pensar Adorno e o direito é poder estabelecer estratégias de luta que possam ir além do louvor ao justo e digno que fazem nosso tempo ser injusto e indigno. Esta obra é um precioso guia para caminhar pela estrada da crítica.

São Paulo, 2018.

Alysson Leandro Mascaro
Professor da Faculdade de Direito da USP

APRESENTAÇÃO

O presente livro é fruto de pesquisa desenvolvida durante o curso de mestrado em Direito Político e Econômico, na Universidade Presbiteriana Mackenzie. Nele são expostas parte das conclusões desenvolvidas sob o título original *Theodor W. Adorno: cidadania e direito. Para uma crítica do capitalismo e do sujeito de direito*, sob a orientação do Prof. Alysson Leandro Mascaro que gentilmente prefacia esta obra.

O retorno ao pensamento de Theodor Adorno (1903-1969) se mostra cada vez mais atual diante do acelerado avanço político, social e econômico da sociabilidade capitalista, tanto nos países centrais, quanto na periferia do capitalismo, em todos os continentes.

Por crise política, podemos lembrar os sucessivos golpes de Estado ocorridos recentemente na América Latina, seja por uma tentativa violenta, financiando-se a oposição interna para desestabilizar governos; seja pela construção ideológica de um clima de insatisfação para a saída parlamentar ou jurídica de governantes eleitos/eleitas. Não se pode esquecer que o avanço da austeridade nos discursos tem levado manifestações de ódio à chefia de Estados-nação importantes.

Por crise social, precisamos recordar que esses mesmos discursos de ódio que constituem governos protofascistas criam climas de beligerância interna, na contramão dos avanços que o liberalismo político insiste em apregoar como civilizatórios. Para nos atermos ao exemplo mais próximo, o Brasil, a ONG *Safernet*, que atua em cooperação com o Ministério Público Federal, informa que das 90 mil denúncias recebidas no ano de 2015, a ONG contabiliza 55.369 de racismo, 4.252 de homofobia, 5.536 de xenofobia, 3.626 de intolerância religiosa e 1.283 de neonazismo, referentes a conteúdos existentes na internet. Em 10 anos, foram 525.311 denúncias de racismo. Números esses que só contabilizam os casos denunciados pelas vítimas (PEREIRA; CALDAS, 2017, p. 123).

Por fim, para lembrar os efeitos da crise econômica, as duas anteriores podem ser contabilizadas como resultados desta última. A sociedade tem se intensificado no discurso xenofóbico na falsa proteção dos empregos já precarizados; cria-se uma política de austeridade fiscal para restringir o acesso a direitos sociais, como saúde, educação e previdência, sob a alegação de falta de arrecadação; aumenta-se o número de desempregados e a repressão dos crimes por meio de um sistema penal direcionado para um perfil muito bem definido: negros e pobres.

Nesse clima de insegurança, o qual denota a não realização de utopias prometidas, como o bem-estar social, Theodor Adorno surge como uma possibilidade de criar novas ferramentas de crítica. Conforme será visto, Adorno pode ser lido, a partir de sua própria filosofia, de um prisma que o divide em duas filosofias: um antes da Primeira Guerra Mundial, quando sua crítica era ligada à teoria da luta de classes marxiana, muito afetada por Lukács; e outro após, marcada pelo desencantamento com as forças opositoras ao capitalismo, agora afetadas objetiva e subjetivamente, não permitindo ao filósofo esperançar a emancipação no Estado de exceção.

Em sua primeira fase, Adorno acompanha a teoria crítica herdeira de Marx, pela qual a democracia burguesa tem a tendência à dominação ideológica e à reprodução dos meios de produção, conforme estudado por Althusser e Pachukanis. A luta de classes seria, nesse primeiro momento, o aporte teórico e prático para a construção de uma sociedade justa, para além da dominação econômica indireta.

Já em seu segundo momento, o abandono da luta de classes é sensível, isso já bem delimitado em sua *Dialética do esclarecimento* (ADORNO; HORKHEIMER, 2006). O direito passa a ser encarado como poder e violência estatal. Nesse espaço, Auschwitz, como barbárie, passa a simbolizar a racionalidade instrumental utilizada contra a própria democracia. Por isso, percebemos o quanto Adorno retorna em seus pensamentos, pois qualquer forma de educação política que tenda a impedir o retorno à barbárie é, necessariamente, uma educação para a democracia.

O que se propõe, como diz o subtítulo da presente obra, é promover o desenvolvimento de um pensamento crítico engajado diretamente com a causa principal das crises: não mais ou menos intervenção do Estado, mas sim a própria base das relações sociais capitalistas ligadas intrinsecamente àquele. Essa crítica à sociabilidade terá um caminho aberto pela autorreflexão crítica que tanto foi cara a Theodor Adorno.

***

Apesar das mudanças ocorridas nesses cinco anos desde a defesa do presente livro no formato de dissertação de Mestrado, devo agradecer aos que contribuíram para a finalização do trabalho.

Ao grande professor João Bosco (*in memoriam*), Fernanda Carvalho, Camilo Onoda Caldas, Renato Gomes, Pedro Davoglio e Jonathan Erkert: pelo suporte em momentos de dificuldades, sem isso nem mesmo teria continuado o curso.

Aos membros da banca de defesa, Prof. Silvio Luiz de Almeida e Profa. Marcia Tiburi, cujas críticas foram tão relevantes que alteraram grande parte das pesquisas, do enfoque, do objetivo e do resultado. Pelo fornecimento de bibliografia, apontamentos dos pontos fracos e fortes e, em especial, pela lembrança do excerto nº 51, das *Minima moralia*, de Adorno: não esquecerei!

A meu sempre orientador, Prof. Alysson Leandro Mascaro, que desde a graduação no curso de Direito tem sido responsável pelo engrandecimento intelectual deste pesquisador. Sendo ele o responsável pelos pontos fortes deste trabalho, meu eterno agradecimento de aluno, orientando, amigo e admirador. Assumo os pontos fracos deste livro desde já.

À minha família que tanto suportou meu isolamento. À minha mãe, em especial, pelo apoio que nunca esquecerei.

Agradeço, ainda, à CAPES pela Bolsa concedida para o desenvolvimento dos estudos e a finalização da pesquisa.

Ao apoio de amigos que fiz no PPGDPE, fundamentais à continuidade desse trabalho, ainda que os tempos difíceis ainda estivessem por se aproximar: Prof. José Francisco Siqueira Neto, Prof. Gilberto Bercovici e Profa. Clarice Seixas Duarte, bem como Renato Santiago e Cristiane Alves.

Por fim, agradeço à Editora Ideias & Letras pela possibilidade da materialização deste trabalho e seu encontro com o leitor.

INTRODUÇÃO

> *Em princípio todos, incluindo os mais poderosos, são objetos.* (Adorno, Minima moralia)

Conhecer o sujeito de direito, bem como suas implicações para a construção da teoria do direito, são as principais funções de uma filosofia do direito que se crê crítica. Fala-se "crítica" sem esconder que o referencial teórico próprio para tal crítica parte, necessariamente, da filosofia de Karl Marx. Essa crítica já tomou uma base sólida a partir de sua *Ideologia alemã* (1845), escrita em conjunto com Friedrich Engels.

Juntamente com o sujeito de direito, enquanto mônada, substância mais simples das relações jurídicas, a crítica ao capitalismo se faz necessária. O campo inaugurado por Evgeni Pachukanis remonta aos escritos maduros de Marx para construir uma leitura marxista das categorias jurídicas. Assim, não passa ilesa a constatação de que a forma jurídica equivale à forma mercantil.

Muito se disse a respeito do marxismo ocidental da chamada Escola de Frankfurt, ou Teoria Crítica. Em especial em sua fase primeva, por vezes mostrou-se de valia para compreender as limitações do ordenamento jurídico. Nesse ponto, a escolha do estudo de Theodor W. Adorno (1903-1969) não surpreende, pois ele foi um dos intelectuais de mais importância do círculo de estudiosos da sociedade. Como se vê na epígrafe ao livro, Adorno encarava o direito como uma questão política e social. Ao iniciar seus estudos universitários, Adorno optou por filosofia, sociologia e psicologia. "Sua formação teórica deveu-se a seu amigo e mentor Siegfried Kracauer" (WIGGERSHAUS, 2006, p. 98), professor da Universidade de Frankfurt, com quem desenvolveu estudos de filosofia que o familiarizou com um método prático que tinha como objetivo compreender os "conceitos histórico-filosóficos e diagnósticos de uma das mais importantes épocas de seu tempo" (WIGGERSHAUS, 2006, p. 99), a recém-formada democracia de Weimar. Com Kracauer manteve discórdias no que diz respeito, especificamente, ao tema da estética a partir da crítica de Adorno.

> As divergências fundamentais entre Kracauer e Adorno foram principalmente estéticas. Em causa estava a questão de saber se o abismo entre a cultura de massa e obras de arte autênticas poderia ser superado. Em meados da década de 1920, quando Adorno abordou pela primeira vez esta questão em relação à música, os dois homens brigaram pela primeira vez, uma vez que trouxe à ribalta as divergências reais de opinião sobre as suas abordagens de perspectiva crítica ou sociológica para fenômenos culturais diários.[1]

Adorno optou por defender sua tese de doutoramento na universidade junto a seu professor Hans Cornelius, afastando-se, propositalmente, de ideias próprias. O trabalho *A transcendência do objeto e do noemático na fenomenologia de Husserl* tinha

---

1 Em inglês: "The fundamental disagreements between Kracauer and Adorno were primarily aesthetic. At issue was the question whether or not the gulf between mass culture and authentic works of art could be bridged. In the middle of the 1920s, when Adorno first broached this question in connection with music, the two men quarrelled for the first time, since it brought into focus the real divergences of opinion about their perspective critical or sociological approaches to everyday cultural phenomena." (MÜLLER-DOOHM, 2009, p. 44).

muito mais a cara de seu orientador do que sua própria. Decididamente, somente após o seu encontro com *História e Consciência de Classe*, de Lukács, Adorno teve o choque necessário para reconhecer o papel do marxismo na crítica política e social. Assim como o jovem Lukács, Adorno era de descendência judaica e desenvolveu, desde a juventude, uma filosofia marxista heterodoxa, mas que com o tempo deixou de lado questões fundamentais de Marx, o que colocou sua posição como marxista, bem como suas contribuições ao marxismo, em risco.

O marxismo de Adorno

Embora Adorno nunca tenha abandonado seus escritos anteriores à Segunda Guerra Mundial, podemos verificar que a temática de suas preocupações se alterou com a própria mudança no movimento crítico do Instituto. Em suas obras reunidas (*Gesammelte Schriften*), os escritos musicais "ocupam nove tomos e três tomos mais de fragmentos" (AGUILERA, 1991, p. 12-13). Isso é sintomático tomando-se em conta que esse corte retirará a própria luta de classes do centro de trabalhos posteriores à Segunda Guerra.

Embora seja certo que Horkheimer tenha atacado Marx, colocando os estudos de Schopenhauer em posição superior aos daquele, Adorno não perdeu sua ligação com a transformação inerente ao método dialético, não sem criticar o marxismo que se tornou totalitário nas mãos de Stalin.[2] "Marx representa, na teoria de Adorno, uma base subjacente" (TIBURI, 1995, p. 14), nas palavras de Márcia Tiburi, para quem "Marx funciona como um pressuposto da crítica realizada na Dialética Negativa" (TIBURI,

---

2 "Não é em vão que a dialética da essência e da aparência é posta no centro da *Lógica* [i.e., de Hegel]. É preciso lembrar disso em uma situação na qual os que administram a dialética em sua versão materialista, o pensamento oficial dos países do Leste, rebaixou a dialética a um arremedo teórico irrefletido. Uma vez despida de seu fermento crítico, ela convém tão bem ao dogmatismo como outrora a imediatez da intuição intelectual de Schelling, contra a qual se voltou a polêmica de Hegel" (ADORNO, 2013, p. 79).

1995, p. 14). Sem a tese 11 contra Feuerbach, de Marx, não há como compreender a filosofia adorniana que prima pela crítica à própria filosofia. Essa afirmação é comprovada na obra da maturidade de Adorno quando empreenda, novamente, uma defesa do marxismo:

> A filosofia que um dia pareceu ultrapassada [i.e., a de Marx], mantém-se viva porque se perdeu o instante de sua realização. O juízo sumário de que ela simplesmente interpretou mundo e é ao mesmo tempo deformada em si pela resignação diante da realidade torna-se um derrotismo da razão depois que a transformação do mundo fracassa. (ADORNO, 2009, p. 11)

Adorno, no final dos anos 1960, tornou-se o reitor da Universidade de Frankfurt, em meio aos movimentos estudantis que passaram a pulular em todo o mundo. A chamada "Internacional Estudantil" alcançou toda a Europa, América, chegando até mesmo ao Brasil. Os estudantes lutavam contra os poderes autoritários tanto do nazismo quanto do stalinismo. De Columbia, pelo fim da Guerra do Vietnã; passando por Sorbonne, contra as diretrizes de educação superior que levava os cursos de licenciatura a locais mais distantes, bem como profissionalizava o ensino; até mesmo em Frankfurt, as leis de emergências (*Notstandsgesetze*), como foram chamadas as alterações na Constituição de Bohn que suspendiam os direitos fundamentais em caso de estado de guerra, estado de emergência, comoção nacional etc., provocaram grandes críticas de teóricos e estudantes engajados. Adorno, em 1968, pronunciou um discurso em uma rádio para demonstrar toda sua insatisfação com a instauração desta "questão social e política real" (ADORNO, 2010b, p. 399). Os estudantes viam em Adorno, agora reitor, a possibilidade de renovação por lerem seus estudos mais radicais, como a *Dialética do Esclarecimento* e *Minima moralia*. Ao lado deles, Herbert Marcuse sempre se posicionou a favor de atitudes radicais.

Ocorre que o então reitor se opôs firmemente às reivindicações mais radicais encampadas pelos estudantes por entender serem desnecessárias ações violentas, ainda que para agir contra a violência. Em entrevista, comentou sobre sua participação nas manifestações contra as leis de emergência e a reforma da legislação penal, mas completou: "é inteiramente diferente se eu faço coisas desse tipo ou se participo de uma prática realmente um tanto insana e jogo pedras contra institutos universitários". Dirá, incisivamente: "Só posso conceber uma prática transformadora dotada de sentido como uma prática não violenta" (ADORNO, 1969a, p. 134). Chegou a permitir a entrada de policiais no campus da universidade.

A partir daqui passamos a compreender as influências de Marx sobre Adorno, seu pressuposto teórico que, pelo que se percebe da divisão clara a partir da Segunda Guerra, como proposto, passam a ser mitigadas. Esse corte é relacionado, de maneira geral, a todos os membros do Instituto de Pesquisa Social de Frankfurt, mas em Adorno fica destacado, pois, sua maior produção se deu nessa época. Conforme afirma Barbara Freitag:

> Nos trabalhos subsequentes de Adorno, entre os quais se destacam *Minima moralia* (1951), a *Dialética Negativa* (1966) e a *Teoria Estética* (1970), o autor propõe uma nova versão da teoria crítica. Se nos anos de fundação do Instituto a reflexão crítica se havia fixado mais nos textos de Marx, não tendo sido, até então, abandonado o paradigma da luta de classes como possível fórmula para a superação do sistema capitalista, nos anos 60 evapora-se toda e qualquer esperança de que a classe operária pudesse efetivamente reverter o processo de consolidação e perpetuação do sistema vigente. (FREITAG, 2004, p. 79-80)

Para Marcia Tiburi, "Adorno, como seus concidadãos e colegas e até amigos, não é facilmente classificável, mesmo sob essa poderosa designação, porque, em muitos momentos, o seu pensamento extrapola vários dos preceitos da chamada 'teoria crítica'" (TIBURI, 2004, p. 2). Ocorre que ao extrapolar os preceitos da teoria crítica, o autor abandona mesmo as bases iniciais do próprio Instituto. Adorno migra da luta de classes (como no texto *Reflexões sobre a teoria de classes*, de 1942) para estudos voltados exclusivamente para a superestrutura da sociedade.

Barbara Freitag dirá que "a teoria estética desenvolvida por Adorno não constitui uma ruptura com a teoria crítica dos frankfurtianos nem com seus trabalhos anteriores, mas, sim, a exploração, até as últimas consequências, da dimensão crítica no âmbito de uma sociedade totalmente alienada" (FREITAG, 2004, p. 81).

Para Rodrigo Duarte, no mesmo sentido, Adorno não abre mão da "noção fundamental de antagonismo de classe, mas interpretando (...) à luz dos elementos característicos da estrutura social contemporânea" (DUARTE, 1997, p. 110). Tais posicionamentos, contudo, não parecem se sustentar para um Adorno que vê, não apenas no marxismo do *Diamat*, mas no próprio Marx, a aniquilação da Utopia. Destacamos as palavras de Olgária Matos:

> Não é, portanto, circunstancial o desaparecimento completo do tema da *luta de classes* na *Dialektik der Aufklärung*, tema que, até 1941, marca profundamente Horkheimer [...] Adorno, por sua vez, aloja a crítica à questão da racionalidade marxista no corpo da própria teoria. Marx teria aniquilado a possibilidade da Utopia (*daz ganz Anderes*) institucionalizando-a na sociedade sem classes – como liberdade em relação aos constrangimentos da economia. O caráter absoluto e a necessidade que colocava na base da história e do pensamento da sociedade burguesa se traduzem em sua teoria. (MATOS, 1989, p. 247)

Adorno chegou a enfrentar a tese de que a melhora das condições de vida do proletariado teria lançado por terra a luta de classes e a revolução, pois não haveria a piora nas condições de vida que levariam à necessidade de mudança. Segundo ele, a melhora sensível não foi realizada com o objetivo de vantagens para o trabalhador, mas somente para o próprio sistema econômico fechado. Chega a levar em consideração que "só quando as vítimas adotam por completo as características da civilização dominante são capazes de arrancar esta do domínio. O restante da diferença se reduz à usurpação nua" (ADORNO, 2004, p. 364). Essa é sua defesa inicial à tese do depauperismo.[3]

Em contrapartida, na *Dialética negativa* afirma que Marx teria não só recebido a tradição do idealismo alemão, mas também recepcionado em sua própria teoria a dominação da natureza: "Marx acolheu de Kant e do idealismo alemão a tese do primado da razão prática e a aguçou até a exigência de transformar o mundo, ao invés de simplesmente interpretá-lo". Continua: "Com isso ele subscreveu o programa do domínio absoluto da natureza, um programa burguês desde a origem" (ADORNO, 2009, p. 205). Adorno opõe-se, tanto a Hegel, quanto a Marx, por entender que ambos produziram filosofias sistemáticas, nas quais não seria possível a reconciliação com o objeto.

O fato de Adorno se utilizar de categorias marxistas após a Segunda Guerra não o faz, verdadeiramente, herdeiro de Marx, a não ser que se tenha em mente que o marxismo ocidental tomou diversas vertentes, dentre as quais a frankfurtiana, nem sempre fiel aos textos marxianos de maturidade.

A palestra proferida por Horkheimer em 1969, momento que, com o distanciamento da teoria crítica dos anos 1920, do

---

3 Vale lembrar seu comentário sobre as melhoras nas condições de vida, também, nas *Minima moralia* de 1944: "Assim como a antiga injustiça não é modificada pela generosa oferta em massa de luz, ar e higiene, antes é encoberta pela cintilante transparência da organização racionalizada, assim também a saúde voltada para dentro consiste em ter cortado a fuga para a doença sem a mínima mudança na sua etiologia" (ADORNO, 2008b, p. 54).

século XX, lança luz sobre os movimentos que, ora se aproximam de Marx, ora se distanciam, sendo sintomática para a tese levantada. A Revolução era o ponto de esperança para os frankfurtianos que viam a impossibilidade de piora do mundo tendo em vista as experiências nazistas e estalinistas.

Duas ideias básicas norteavam o limiar da Teoria Crítica: a primeira foi o sofrimento sob o fascismo e nacional-socialismo, que representaram um verdadeiro retrocesso para a humanidade, já que "inúmeras pessoas teriam que sofrer sem necessidade disso" (HORKHEIMER, 1972, p. 58); mantiveram firme a esperança de que a revolução poderia se formar naquelas bases sociopolíticas; a segunda era a confiança na necessidade de uma sociedade melhor, a qual ensejaria a possibilidade de estabelecer as condições materiais para o desenvolvimento do pensamento que contivesse a crítica contra a sociedade má.

Esse primeiro momento foi marcado pela luta institucional contra a chamada Teoria Tradicional, baseada na filosofia idealista de Descartes ("O dualismo entre pensar e ser, entendimento e percepção, lhe é natural"), em oposição à Teoria Crítica, a qual seguiu a tradição lançada por Marx. Para Horkheimer, e com ele o Instituto sob sua direção, os métodos cartesianos dedutivos e indutivos que subsumem os dados empíricos, colhidos com a observação da complexidade social, às sentenças produzidas pelo espírito e representadas nos conceitos, encerra as diferenças temporais expressas no desenvolvimento histórico. Privilegiaria, dessa forma, o idêntico.

Esse pensamento, embora ligado à filosofia mergulhada na ideologia, ainda se mantém atento aos estudos mais tardios de Marx. Reconhece, corretamente, a relação da metáfora do edifício, pela qual a dominação econômica afeta necessariamente as relações culturais, inclusive as jurídicas. Tais autores chegam a concluir que "a transformação constante das relações sociais é resultado direto do desenvolvimento econômico" (HORKHEIMER, 1980, p. 151), expressando-se ao afetar o próprio sentido de sua dependência econômica.

Mas essa postura diante de Marx não se mantém perene. Ao falar sobre, *A Teoria Crítica, ontem e hoje*, nos anos 1970, Horkheimer passa a demonstrar uma quebra no discurso da própria Escola de Frankfurt, apontando supostos erros na teoria marxista, sustentando explicitamente que "Marx esteve equivocado em muitos pontos" (HORKHEIMER, 1972, p. 58). Esse segundo movimento da Escola de Frankfurt, pós-Segunda Guerra, tinha como grande combate o positivismo metodológico, sendo o episódio mais marcante a disputa travada entre Adorno e Popper, o que ficou conhecido como *Controvérsia sobre o positivismo na sociologia alemã*. Já não se dá atenção para as categorias econômicas que dirigem de maneira direta o desenvolvimento social, como mais-valia, mercadoria, fetiche, relações de produção etc.

Fredric Jameson, em defesa de Adorno, afirma categoricamente o pertencimento de sua filosofia ao campo teórico chamado marxismo. A distinção que Jameson fará será afirmar que "a contribuição de Adorno à tradição marxista não deve, todavia, ser buscada no campo da classe social". Continua: "onde ele tem uma contribuição indispensável a dar, que não encontraremos em outra parte, é no meu terceiro 'nível', o da análise em termos do sistema econômico ou modo de produção" (JAMESON, 1997, p. 22-23).

Ora, se toda a teoria marxiana de crítica à economia política é baseada na existência da luta de classes; se todas as categorias trabalhadas no *Capital*, como forças produtivas, relações de produção, mercadoria, exploração, reificação etc., dependem do reconhecimento da luta de classes, como poderá Adorno trabalhar tais conceitos omitindo, quase que por completo, a luta de classes de seus trabalhos?

Frisamos que há contribuições de Adorno ao marxismo sim, mas não é possível depositar crédito em tal argumento porque ele falha na premissa de dispensabilidade da luta de classes, como já reconhecido por Walter Benjamin: "A luta de classes, que um historiador educado por Marx jamais perde de vista, é uma luta pelas coisas brutas e materiais, sem as quais não existem as refinadas e espirituais" (BENJAMIN, 1994, p. 223).[4]

Dessa forma, a análise dos textos de Adorno foi efetuada tendo em vista duas premissas: (i) a existência de uma teoria marxista herdeira de um Marx maduro que se consolida com o pensamento de Pachukanis e Althusser, tendo como orientação a luta de classe; (ii) os textos de Adorno em que deixa de lado tais categorias marxistas não conseguem manter estreita sua ligação com a crítica de Marx e Engels, mas podem servir, em diversos elementos, como apoio para investigações críticas.

Sobre a real contribuição de Adorno para o pensamento marxista, em especial as categorias trabalhadas no *Capital* e que possuem como quintessência a luta de classes, muito embora não trabalhada diretamente, comenta Sergio Tischler Visquerra:

---

[4] O que poderia vir ao encontro do argumento de Fredric Jameson, ainda, é o fato de que Adorno mantinha vívido o estudo de Marx nos anos anteriores à Segunda Guerra, estabelecia críticas e autocríticas por meio das categorias da mercadoria, fetichismo, reificação e até mesmo a luta de classes. Veja-se a correspondência enviada a Walter Benjamin em 05 de junho de 1935: "Estou pensando em primeiro lugar na categoria mercadoria, que vem expressa de modo muito geral no *exposé* (como aliás também o foi no meu *Kierkegaard*) para poder revelar algo *específico* sobre o século passado; e não basta defini-la em termo puramente tecnológicos – como, digamos, 'artefato' –, já que é preciso acima de tudo investigar-lhe a função econômica, ou seja, as leis de mercado do incipiente capitalismo avançado como o moderno em sentido estrito" (ADORNO; BENJAMIN, 2012, p. 160-161).

Ainda, na correspondência que gerou a famosa rusga entre os amigos, a partir da qual a amizade nunca mais seria a mesma, Adorno escreve a Benjamin uma dura crítica ao seu trabalho das *Passagens* a partir da mediação entre a produção cultural e a vida econômica, texto esse reformulado segundo os interesses do Instituto: "Permita-me aqui expressar-me de modo tão simples e hegeliano quanto possível. Ou muito me engano ou essa dialética é falha numa coisa: em mediação. Reina soberana uma tendência de relacionar os conteúdos pragmáticos de Baudelaire diretamente aos traços contíguos da história social do seu tempo, e tanto quanto possível aos de sua natureza econômica" (ADORNO; BENJAMIN, 2012, p. 401-402).

Nos parece que a crítica adorniana ao positivismo, à dialética hegeliana, e, em geral, a todo pensamento idêntico é um ponto de partida fundamental para pensar em chave (*en clave*) não idêntica a luta de classes. Nesse sentido, a ideia adorniana de sujeito negativo, entendido como luta que não termina em uma nova síntese, ou totalidade positivo de signo distinto, é um aspecto central desse processo teórico. [...] o sujeito negativo, não-idêntico, é uma crítica à forma sintética de produção das categorias de mudança social, centralmente a noção de sujeito revolucionário como figura de totalidade e síntese.[5]

Assim, no primeiro capítulo apresentamos a crítica marxista ao direito, caminhando dos escritos maduros de Marx, segundo a periodização proposta por Louis Althusser, até o tratamento firme de Evgeni Pachukanis, apresentando uma teoria que, embora não acabada, porque é agregada a cada dia, já contém fortes elementos para a busca da real emancipação.

Após isso, no segundo capítulo entramos propriamente em questões teóricas para o direito a partir de Adorno. Não que seja um filósofo do direito, dedicado ao objeto jurídico, mas sua especulação filosófica contém elementos que questionam o direito enquanto, também, questão política e social. A tese aponta para as contribuições do pensamento de Adorno para essa crítica marxista do direito já apresentada, bem como seus pontos de insuficiência.

No terceiro capítulo discorreremos sobre os temas que servem como pedra de toque entre a filosofia do direito e a filosofia política a partir da filosofia de Adorno sobre o Estado. Nesse

---

5 No original: "Nos parece que la crítica adorniana al positivismo, a la dialéctica hegeliana, y, en general, a todo el pensamiento identitario es punto de partida fundamental para pensar en clave no identitaria la lucha de clases. En ese sentido la idea adorniana, de sujeto negativo, entendido como lucha que no culmina en un aspecto central de ese proceso teórico. [...] el sujeto negativo, no-identitario, es una crítica a la forma sintética de producción de las categorías del cambio social, centralmente a la noción de sujeto revolucionario como figura de totalidad y síntesis" (VISQUERRA, 2007, p. 111).

momento, terá especial destaque a questão do indivíduo frente ao Estado. Esse tema atravessa a sua filosofia desde *Minima moralia*, escrito a partir de 1944; *Dialética do Esclarecimento*, publicado primeiramente em 1947, durante o exílio; bem como textos de 1969, de *Palavras e Sinais: modelos críticos 2*. A tentativa de resgate do indivíduo autocrítico é clara, bem como sua crítica à política coletivista que, para Adorno, tenderia a tornar a vida ainda mais danificada e monadológica.

Por fim, ainda falando do Estado, no último capítulo trabalhamos o papel de Auschwitz para a filosofia de Adorno, em especial sua visão sobre o Estado autoritário em oposição ao Estado regular. Essa questão é de suma importância diante do pensamento marxista de que o Estado, seja qual for sua forma, autoritária ou não, implica necessariamente relações de produção capitalistas.

Esperança de justiça para além da legalidade, para além do Estado burguês, para além da forma jurídica e da forma mercadoria: as contribuições para esse pensamento que tem como intuito a real emancipação da sociedade merecem destaque no pensamento jurídico marxista. De outra forma, não seríamos fiéis aos objetivos de Marx ao elaborar a famosa tese 11, sobre Feuerbach: "os filósofos têm apenas interpretado o mundo de maneiras diferentes; a questão, porém, é transformá-lo".

Para Adorno, "que felicidade seria aquela que não se medisse na incomensurável tristeza do ser?" (ADORNO, 2008b, p. 196). O *ser* hoje carrega o acúmulo de destroços provocados pelos desgastes da luta de classes. Temos o direito para auxiliar na cura de feridas, enquanto o inimigo continua, constantemente, a atacar, espoliar, e acabar com os oprimidos. O discurso jurídico é dado como consolo para a injustiça, muito bem, mas o papel de uma filosofia marxista do direito é ir além do conformismo: diante da tristeza do que é, procura-se a reconstrução da felicidade que é-ainda-não.

A utopia concreta residente na análise marxista do direito é arma para espoliar nosso verdadeiro inimigo: as relações de produção capitalistas. Sabendo que "a experiência de nossa geração: o capitalismo não morrerá de morte natural" (BENJAMIN, 2009, p. 708), as contribuições de Theodor W. Adorno para a crítica marxista do direito podem ser valiosas quando bem utilizadas.

1
DA TRADIÇÃO DA CRÍTICA FILOSÓFICA MARXISTA DO DIREITO A THEODOR W. ADORNO

> *A esfera do domínio que envolve a forma do direito subjetivo é um fenômeno social que é atribuído ao indivíduo da mesma forma que o valor, outro fenômeno social, é atribuído à coisa enquanto produto do trabalho. O fetichismo da mercadoria é completado pelo fetichismo jurídico. (Pachukanis, Teoria geral do direito e marxismo)*

1.1. O marxismo como crítica da filosofia do direito tradicional

A filosofia crítica vai muito além da descrição do mundo. Para isso, como dissera Marx na tese 11 contra Feuerbach, os filósofos já se dedicaram por um longo período. O momento a partir de então seria o de transformação desse mesmo mundo, pois sua mera descrição não é mais suficiente para compreender as relações estruturais mais profundas da sociedade. Por tal filosofia marxista do direito, "todo o pensamento sobre o próprio direito é levado aos limites da razão, podendo-se entender a interação com outros ramos como a política, a ética, a história etc [...] a filosofia do direito não se pode furtar a entender seu papel na práxis do mundo" (ERKERT; PEREIRA, 2011, p. 222-223).

Para tanto, o marxismo deu cabo de desvendar a realidade estrutural existente na relação entre o direito e as relações de produção. A metodologia dogmática jurídica não pode ser adotada por quem pensa o direito de forma crítica. Desconstruir a ideia de igualdade, desvendar a relação social encoberta pela ideologia jurídica, ou a introjeção do valor de troca da mercadoria, e reconstruir um novo paradigma: eis o fim do pensamento marxista do direito.

Cabe destacar que a base de uma crítica marxista ao direito vem com a superação que Marx fez de seus próprios trabalhos de juventude. O jovem Marx foi, inicialmente, adepto do jusnaturalismo, acreditando que o direito positivo somente seria legítimo quando atendesse os critérios do direito natural. "Seus textos [i.e., da época da *Gazeta renana*] apoiam-se em uma teoria racionalista do Estado em que este tem por finalidade a realização da liberdade" (NAVES, 2005, p. 98). Nessa época, pode-se afirmar que Marx lia Hegel por Feuerbach e, assim, estava mergulhado dentro do próprio idealismo. Ainda que em *A questão judaica* ele formule uma crítica aos direitos humanos como direitos do homem burguês, essa questão ainda não é suficiente, ainda não representa a "dissipação da ilusão jurídica" (NAVES, 2005, p. 99).

Será apenas com a parceria de Engels, em *A Ideologia alemã*, de 1845, que Marx dará um salto de qualidade e de horizontes no pensamento enquanto desligado de Hegel e Feuerbach. Num processo de anos de desenvolvimento, *A Ideologia alemã* se manterá, ainda, com certas limitações, como a crítica ao humanismo enquanto representação do homem por meio de sua forma original, a saber, o sujeito de direito, pois nessa obra a ruptura ainda é "parcial e limitada" (NAVES, 2005, p. 97), pela própria limitação do campo ideológico.

Destaca-se que, muito embora Marx não tenha sistematizado seu pensamento sobre o direito, deixou bases sólidas para a consolidação de uma teoria do direito marxista. Desde as intuições da *Crítica à filosofia do direito de Hegel* já demonstrara sua indignação contra o aparato jurídico, mas será com suas obras de um Marx maduro que poderão ser edificadas as linhas da crítica.[1]

---

1 Apenas por preocupação metodológica, esclarecemos que o campo teórico de que partimos é o delimitado pelo filósofo francês Louis Althusser (1918-1990). Diante de questionamentos muitas vezes contraditórios de marxistas que tentaram pontuar o marco da mudança, ou *corte epistemológico*, das obras de Marx, Althusser retornou aos escritos marxianos de juventude para refundar a questão. Esse "caminho de Marx", como o próprio Althusser chama, foi iniciado não sem antes retornar aos próprios Feuerbach e Hegel, com quem Marx tivera contato teórico e nos quais esteve completamente mergulhado. Althusser não evitou a leitura do Jovem Marx pelos olhos do Marx Maduro, mas pretendeu ler o esforço do jovem filho da burguesia, sem decompor os textos em elementos materialistas e idealistas. Por certo um hegeliano que lesse os Manuscritos de 1844 encontraria esses elementos idealistas que afirmariam Marx como continuidade de Hegel. De outro lado, voltar-se com os olhos do Marx de *O capital*, levaria a enxergar o materialismo histórico nos textos iniciais, por óbvio: "esse método, que não cessa de julgar, é incapaz de pronunciar o menor juízo sobre a totalidade diferente dele" (ALTHUSSER, 2015). Isso fica claro quando se observa o mundo em que Marx estava inserido: o mundo de um superdesenvolvimento teórico alemão, fundado, essencialmente, no sistema hegeliano.
"Marx não escolheu nascer para o pensamento e pensar no mundo ideológico que a história alemã tinha concentrado no ensino das Universidades. É nesse mundo que ele cresce, é nele que aprende a mover-se e a viver, é com ele que se 'explicou', e é dele que se libertou" (ALTHUSSER, 2015). Daí os grandes elogios a Marx que conseguiu se libertar de seu campo teórico, não sem precisar de uma ruptura total contra o sistema hegeliano, ruptura esta desenvolvida a partir dos anos 1840, quando descobre a classe operária organizada na França, enquanto Engels encara a luta de classes e o capitalismo em pleno vapor na Inglaterra. Será, pois, a partir da *Ideologia Alemã* que poderá partir para uma crítica mais profunda do próprio direito, crítica essa que permitirá a Althusser, em seus *Elementos de autocrítica*, afirmar: "a ideologia jurídica é, em última instância, e mais frequentemente, sob formas de uma surpreendente transparência, a base de toda a ideologia burguesa. É suficiente, para um jurista que seja marxista, mostrá-lo; que seja um filósofo, para compreendê-lo" (1978, p. 89, nota 12).
Para uma análise delongada e profunda do método althusseriano, de onde partimos, recomenda-se a leitura do Capítulo 1 denominado "Elementos da teoria marxista de Louis Althusser" da obra de Alessandra Devulsky Tisescu (2011); ainda: ALTHUSSER, 1978, p. 81-90; ALTHUSSER, 2015, p. 39-70; THÉVENIN, 2010b, p. 9-30.

Conforme a estruturação de seu pensamento reedificada por Evgeni Pachukanis, o direito passa a ser compreendido como aparelho utilizado pelo Estado e, consequentemente, pelo capitalismo. O Estado como o conhecemos hoje, e que nasce com a própria modernidade, passará por duros ataques com o fim de demonstrar essa relação estrutural da forma política com a forma mercantil.

1.2. O direito não tem história

A ideologia alemã, ainda que limitada pelo campo ideológico, marcará um *corte epistemológico* no pensamento de Marx, já representando uma mudança importante, pois passa a "conduzir o direito ao seu solo originário, quando Marx e Engels afirmam que o direito não tem história" (NAVES, 2005, p. 100).

> Quando, mais tarde, a burguesia conquistou poder suficiente para que os príncipes acolhessem seus interesses a fim de, por meio da burguesia, derrubar a nobreza feudal, começou em todos os países – na França, no século XVI – o desenvolvimento propriamente dito do direito, que com exceção da Inglaterra, teve como base o Código Romano [...]. (Não se pode esquecer que o direito, tal como a religião, não tem uma história própria.) [...] Sempre que por meio do desenvolvimento da indústria e do comércio, surgiram novas formas de intercâmbio, por exemplo companhias de seguros etc., o direito foi, a cada vez, obrigado a admiti-las entre os modos de adquirir a propriedade. (MARX; ENGELS, 2007, p. 76-77)

A história do direito acompanha, necessariamente, a história das relações de produção capitalistas. Isso nos mostra que o lugar próprio do direito independe da realização de um discurso retórico sobre a justiça: o homem, para o direito, somente pode se apresentar enquanto mercadoria; é transformado em cifra:

Essa relação jurídica, cuja forma é o contrato, seja ela legalmente desenvolvida ou não, é uma relação volitiva, na qual se reflete a relação econômica. O conteúdo dessa relação jurídica ou volitiva é dado pela própria relação econômica. Aqui, as pessoas existem umas para as outras apenas como representantes da mercadoria e, por conseguinte, como possuidoras de mercadorias. Na sequência de nosso desenvolvimento, veremos que as máscaras econômicas das pessoas não passam de personificações das relações econômicas, como suporte [*Träger*] das quais elas se defrontam umas com as outras. (MARX, 2013, p. 159-160)

Cabe destacar que não há uma verdadeira relação em um aparecimento histórico sequencial entre Estado e capitalismo. Como destaca Joachim Hirsch (2010), houve situações históricas já existentes desde a Idade Média que culminaram no aparecimento simultâneo do Estado e do capitalismo: na sociedade medieval, "não havia qualquer sistema jurídico próprio, nem um domínio separado da esfera econômica" (p. 62). A característica de relações abertas de violência bélica que povoava a Europa gerou a necessidade da especialização das esferas de proteção por parte dos principados. Para fortalecer os mecanismos de "coerção armada" (p. 64) houve necessidade de maior extração de recursos e, para seu controle e administração, a criação de um corpo de funcionários sob as ordens dos príncipes. O crescimento do "conhecimento jurídico especializado" e a irreversível "profissionalização jurídico-administrativa" (p. 65) levaram à busca de uma carreira (efeito psicológico sobre o corpo de funcionários), bem como a funcionalidade do direito para a proteção do capital que se formava, bem como do Estado, inicialmente Absolutista, que o criara.

Embora não se possa falar propriamente na existência de um Estado na Idade Média, ao menos como visto nos dias de hoje, isto é, baseado totalmente na figura do sujeito de direito, foram essas confluências históricas do período que levaram ao surgimento do Estado lado a lado com o sistema capitalista. Isso não entra em contradição com o momento de aparecimento da burguesia como classe influente a partir das revoluções burguesas. A figura do Estado como espaço de interesse comum separado da sociedade teve sua implantação final no momento das revoluções burguesas, mas já havia "uma sociedade burguesa nesse período, ainda que apenas em forma germinal" (HIRSCH, 2010, p. 55-67). A partir de então, o desenvolvimento da forma jurídica atingirá o seu apogeu teórico e prático na sociedade burguesa capitalista (PACHUKANIS, 2017, p. 63).

Outra não pode ser a interpretação feita a partir de um Marx maduro que deixa de lado a ilusão ideológica de identificação do direito com um valor de justiça, o que desconsideraria a real determinação das relações econômicas sobre a superestrutura social. Como reafirma Marx, "cada forma de produção cria suas próprias relações de direito, formas de governo etc." (1974, p. 112). Disso decorrerá que a forma jurídica será criada pela forma de produção com objetivos específicos de perpetuar a exploração que a funda. Essa mesma exploração é a resultante de uma luta de classes fundada pela burguesia da Modernidade. Essa "união orgânica" citada por Marx em sua *Introdução à crítica da economia política* é a do direito e dos direitos com essa força motriz: a luta de classes.

Essa relação estrutural entre direito e relações de produção capitalistas, tese inaugurada em 1845, não foi abandonada por Engels após o falecimento de Marx. Em correspondência datada de 14 de julho de 1893 a Franz Mehring, deixou claro: "E esta ilusão [*Schein*] de uma história autônoma das constituições do Estado, dos sistemas do direito, das representações ideológicas em cada domínio particular, que, antes de tudo, cega a maioria das pessoas".

O direito em momentos de crise financeira vem em socorro do capital e do núcleo duro do pensamento capitalista: o sujeito de direito. Tanto o é que no desenvolvimento histórico do pensamento jurídico do século XX, os momentos de grande regulação econômica que se seguiram às grandes crises vieram acompanhados de pacotes de direitos para proteger o idêntico. O sujeito de direito teve a abertura ao acesso à justiça, com a promoção de reformas legislativas que tem como objetivo a proteção coletiva por órgãos determinados, enfraquecendo a autonomia do indivíduo; direitos trabalhistas são garantidos para, além de melhoras nas condições de vida do trabalhador, acalmarem animosas reivindicações por igualdade social no chão de fábrica; o Estado de bem-estar social varreu o mundo com políticas de proteção ao cidadão etc.

Tais políticas de constituição de direitos acompanharam o momento histórico ditado pela relação de produção capitalista. O capital, necessitando circular, determina a concessão de direitos, ao mesmo tempo em que também permite a sua retirada. Fato é que o neoliberalismo acompanhou uma política de mitigação do bem-estar social, culminando no alargamento da crise dos anos 1970 que persiste em não acabar. A filosofia conservadora do direito limitou-se, nesse ínterim, a focar-se no sujeito de direito sem levar em consideração outros fatores materiais da luta de classes. Ela foi cúmplice com o neoliberalismo, exatamente, porque o direito acompanha o momento histórico que convém ao desenvolvimento do capital.

O que se deve deixar claro é que uma filosofia burguesa do direito que coloque a autodeterminação do sujeito no centro de suas investigações possui um papel bem definido: atingir o inconsciente das pessoas, as quais depositam suas confianças de emancipação no aparato legal e jurídico construído para proteger, em última instância, unicamente, o capital.

Afirmar que o direito não possui história implica dois aspectos. O primeiro nos leva à inegável conceituação do direito enquanto ideologia, nos caminhos traçados por Althusser. Mas, ao mesmo tempo, a simples identificação do direito somente enquanto ideologia não dá respostas mais profundas a respeito, por exemplo, da sua relação com as relações sociais, conforme aponta Pachukanis. Assim, breves considerações serão feiras a partir de ambos.

Inicialmente, sobre a identificação do direito enquanto ideologia parte-se da própria formulação na *Ideologia alemã*, já citada acima. O que identifica uma ideologia? Afinal de contas, não é crível que o direito dissesse abertamente sua função ideológica, pois ninguém mais depositaria nele suas esperanças de emancipação. Comentando Marx, Althusser afirma que "a ideologia é concebida como pura ilusão, puro sonho, ou seja, nada. Toda sua realidade está fora dela" (2012, p. 83).[2] Nesse plano, Althusser identificará a ideologia ao inconsciente freudiano, redundando na declaração de que "a ideologia não tem história, o que não quer dizer que ela não tenha uma histórica [...] mas que ela não tem uma história sua [...] a ideologia é eterna, como o inconsciente" (ALTHUSSER, 2012, p. 84-85).

Sua função? A ideologia burguesa, e por excelência a ideologia jurídica, "interpela os indivíduos enquanto sujeitos" (ALTHUSSER, 2012, p. 93). A ideia *sujeito* se difere do indivíduo

---

2   Devido a essa dissimulação que marca a ideologia, o sonho resultante de um mundo já mergulhado no onírico, ganha força a tese de Walter Benjamin que no projeto das *Passagens* declara: "O coletivo que sonha ignora a história. Para ele, os acontecimentos se desenrolam segundo um curso sempre idêntico e sempre novo. Com efeito, a sensação do mais novo, do mais moderno, é tanto uma forma onírica dos acontecimentos quanto o eterno retorno do sempre igual" (2009, p. 588). Ainda, na *Exposé* de 1935 do ensaio *Paris, a capital do século XIX*: "São resquícios de um mundo onírico. A utilização dos elementos do sonho no despertar é caso exemplar do pensamento dialético. Por isso, o pensamento dialético é órgão do despertar histórico", confirmando que o capitalismo é o mundo que vive do sonho (2009, p. 39).

concreto, este com suas vicissitudes, vivências sociais, enquanto aquele uma abstração pela qual passamos a nos reconhecer. A ideologia terá, ainda, o papel de impedir que percebamos esse mecanismo de funcionamento que gera toda a ideologia burguesa. "O homem é naturalmente um sujeito", podemos pensar (ALTHUSSER, 2012, p. 93).

Mas o direito funcionaria enquanto ideologia sem um aparato próprio para impedir o conhecimento do mecanismo sob o qual se encontra firmado? A resposta de Althusser é negativa. "Não existe aparelho puramente ideológico" (ALTHUSSER, 2012, p. 70). O Estado se utiliza de uma parte prática para a atuação da ideologia jurídica no campo material. "Agir por leis e decretos no Aparelho (repressivo) do Estado é outra coisa que agir através da ideologia dominante nos Aparelhos Ideológicos do Estado" (ALTHUSSER, 2012, p. 71). O sistema processual que se encarrega de proteger o acesso à justiça aos cidadãos (e aqui "justiça" demonstra a identificação necessária entre o Estado e o justo), o aparato policial para contenção de manifestações que são declaradas ilegais pelo direito, as greves "legais", encarceramento via panoptismo, o sufrágio universal para a escolha de representantes do povo etc. Essas são exemplos de formas de violência real ou simbólica pelas quais o direito – ideologia jurídica, num primeiro momento – se utiliza para a repressão – aqui como aparelho repressivo do Estado. "A ideologia não é nada, portanto, sem a sua prática (coercitiva) que exige todo um aparelho de repressão" (THÉVENIN, 2010a, p. 55).

As considerações de Althusser são baseadas na ciência do materialismo histórico marxista-leninista. Mas um apontamento deve ser complementado: é necessário ao direito ser ideologia, como aparato onírico da forma de produção burguesa, vale dizer do capitalismo, para atingir o inconsciente das pessoas, mas isso não explica, a fundo, como se dá sua inteira relação com as relações sociais. Por isso, faz-se necessária a complementação desta análise com a do russo Evgeni Pachukanis, conforme já anunciado.[3]

1.3. Forma jurídica e forma mercantil

Pachukanis, adiantando o pensamento de Althusser, também traça comentários a respeito do conceito do direito enquanto ideologia burguesa, mas não fica limitado, unicamente, a esse campo de análise. "Contudo, a tarefa não consiste em aceitar nem recusar a existência de uma ideologia jurídica", mas ir além, demonstrando que "os conceitos jurídicos gerais podem entrar, e de fato entram, como parte de processos ideológicos e de sistemas ideológicos – e isso não é algo de nenhuma controvérsia –, mas, para eles, para esses conceitos, é de certo modo impossível revelar a realidade social mistificada" (PACHUKANIS, 2017, p. 87-88). Como dissemos, com Althusser, a natureza ideológica do direito impede o conhecimento do mecanismo sob a qual foi criada. Assim, devemos olhar para o mundo exterior, de realidades, para questões concretas, colocando a discussão em outro nível.

Que o direito é uma relação social, assim como o capital o é, parece inegável. O será, por óbvio, sem excluir seu caráter ideológico. Ele é reflexo de outra relação social, essa que se pretende esconder por debaixo da forma jurídica: "essa relação é a relação entre os proprietários de mercadorias" (PACHUKANIS, 2017, p. 95), diferentemente da filosofia jurídica burguesa, para a qual o direito é um ideal, ou forma ideal, eterna, perene e apreendida

---

[3] A escolha da leitura de uma Filosofia Crítica do Direito por meio de Althusser e Pachukanis não é aleatória. O marxismo, em especial os juristas que se aprofundam na leitura de Marx, ainda que o da maturidade, leem-no com olhos idealistas. Althusser e Pachukanis são abertamente contrários a esse tipo de leitura, ambos fiéis à teoria revolucionária e à ciência do materialismo histórico inaugurada por aquela. Nesse sentido, ao comentar sobre a leitura de Althusser como uma "tarefa urgente e imprescindível, para que o marxismo possa recuperar a sua capacidade de oferecer uma crítica efetiva da sociedade burguesa", Márcio Bilharinho Naves complementa: "Juntamente com a leitura de Evgeni Pachukanis, que nos oferece os meios para uma crítica rigorosa ao direito" (NAVES, 2010, p. 7).

universalmente. Será essa filosofia que ignorará tal relação social que funda e justifica o direito, criando teorias da justiça que não leem a realidade material, mas teoriza a partir da consciência. Essa filosofia conservadora do direito que não reconhece que "justiça é transformação", sendo que "a transformação é possível" (MASCARO, 2008, p. 5). Transformação essa que parte do reconhecimento da injustiça do ser, com rumos à justiça do que é-ainda-não. "Que felicidade seria aquela que não se medisse na incomensurável tristeza do ser [i.e., 'do que é']?" (ADORNO, 2008b, p. 196).

Como já dito, o indivíduo é interpelado enquanto sujeito, sendo que o homem é reconhecido como se fosse, naturalmente, sujeito de direito. Pachukanis (2017, p. 121), quando caracteriza a sociedade capitalista como sendo, essencialmente, uma sociedade de proprietários de mercadorias, deixa clara a função da ideia de sujeito de direito: "O vínculo social da produção apresenta-se, simultaneamente, sob duas formas absurdas: como valor de mercadoria e como capacidade do homem de ser sujeito de direito". A mercadoria que serve ao capitalismo como *leitmotiv*, para que circule, necessita do padrão de equivalência. Sem ele, não há a igualdade na troca.

A equivalência se dará pelo valor de troca. "É a ideia de equivalência decorrente do processo de trocas mercantis que funda a ideia de equivalência jurídica" (NAVES, 2008, p. 20). O espanto não é legítimo quando se tem em mente a íntima relação entre Direito, Estado e Capitalismo.

Essa igualdade garante ao capital sua circulação. Isso que Celso Naoto Kashiura Jr. chamará de "imperativo da forma mercadoria" é o que força a adoção da igualdade jurídica. O pior de tudo é que tal meio de equiparação, além de ser formal, impede qualquer questionamento. É um "dado" (2009, p. 208-210), um dogma, e, como tal, não comporta discussões.

Para compreender a afirmação de que o imperativo da forma mercadoria força a adoção da igualdade jurídica, temos que remontar ao que se entende por mercadoria. Essa preocupação metodológica nos auxiliará a compreender como o sujeito de direito se equipara à mercadoria.

Que a mercadoria é a forma elementar do modo de produção capitalista, Marx já comentou na abertura de *O capital*. Pachukanis, no mesmo sentido, percebe que "a sociedade capitalista é, antes de tudo, uma sociedade de proprietários de mercadorias" (2017, p. 119). Por ambos não apenas descobrimos o ponto nevrálgico da sociedade capitalista, a saber, a mercadoria, mas que sem os sujeitos que são reconhecidos como seus proprietários não haveria momento e local para a circulação da própria mercadoria. "As mercadorias não podem ir por si mesmas ao mercado e trocar-se umas pelas outras. Temos, portanto, de nos voltar para seus guardiões, os possuidores de mercadorias" (MARX, 2013, p. 159). Mas, qual seria então, a forma elementar da análise jurídica desta mesma sociedade capitalista?

"O vínculo social da produção apresenta-se, simultaneamente, sob duas formas absurdas: como valor de mercadoria e como capacidade do homem de ser sujeito de direito" (PACHUKANIS, 2017, p. 121). Dessa forma, identifica-se que o sujeito de direito está para a forma jurídica abstrata, assim como a mercadoria está para a forma mercantil capitalista. A determinação do sujeito jurídico enquanto categoria própria, elementar e necessária ao direito burguês só pode ocorrer na sociedade capitalista. "O sujeito é o átomo da teoria jurídica, o elemento mais simples e indivisível, que não pode mais ser decomposto" (PACHUKANIS, 2017, p. 117). Sem a necessária identificação estabelecida entre os indivíduos como sujeitos, a mercadoria como objeto não poderia ser submetida àqueles.

O fetichismo da mercadoria se completa com o fetichismo jurídico[...]. Somente em situações de economia mercantil nasce a forma jurídica abstrata, ou seja, a capacidade geral de possuir direitos se separa das pretensões jurídicas concretas. Somente a transferência contínua de direitos que tem lugar no mercado cria a ideia de um portador imutável. No mercado, aquele que obriga simultaneamente se obriga. Ele passa a todo momento da posição de credor à posição de obrigado. Dessa maneira, cria-se a possibilidade de abstrair as diferenças concretas entre os sujeitos de direitos e reuni-los sob um único conceito genérico. (PACHUKANIS, 2017, p. 124-125)

Assim, mais uma vez, para que a mercadoria circule há a necessidade da equivalência do preço. Do mesmo modo, como dissemos, o imperativo da forma mercadoria força a adoção da igualdade jurídica, pois é necessário que os diferentes sujeitos de direito reconheçam-se como iguais, ainda que juridicamente, com as mesmas oportunidades, para que possam adentrar ao mercado com o intuito de se tornarem donos de mercadorias. Esse "portador imutável de direitos" possui a capacidade jurídica para contratar, adquirir bens, alienar sua força de trabalho por mais direitos, sempre baseado na fórmula burguesa de igualdade e liberdade.

Não há exagero em afirmar que, para sustentar a forma jurídica de modo equivalente à forma mercantil, o sujeito de direito é a categoria central. O sujeito, como já dito, é fruto da época moderna com o nascimento da consciência de classe burguesa em oposição ao sistema de privilégios existente na Idade Média. À nobreza não importava pensar o sujeito além da visão teológica que colocava todos como criados à imagem e semelhança de deus e, ao mesmo tempo, uns acima de outros numa formação social piramidal. Que não existia a figura de sujeito de direito nessas formações sociais pré-capitalistas explica a afirmação de não existir propriamente um direito antes da era moderna.

O ideal do homem burguês, como se sabe, já existia anteriormente na humanidade. Claro que seria ingenuidade falar na formação da burguesia durante a antiguidade clássica. A classe mercantil, que nasceu nas feiras da Europa Medieval, residente nos chamados burgos, não existia durante o sistema escravagista. Mas esse fato não nos desautoriza a entender que o ideal burguês já nascerá lá. Como se observa já na Odisseia, Ulisses é o verdadeiro padrão do homem burguês: luta contra o tempo, contra Sereias, vai ao Hades e retorna vivo, passa pela ilha dos ciclopes e sobrevive a Polifemo, todas essas aventuras com o objetivo de retornar a sua propriedade, seus tesouros e sua família. Sem qualquer pudor, a forte figura da família-e-propriedade é o motivo que o impulsiona. Não se deixa barrar, prossegue como fim justo, justificando os meios utilizados para tanto.

Ocorre que na forte formação escravagista, a burguesia não teve espaço para crescimento, senão quando, como classe antagônica ao poder da nobreza feudal, desenvolve sua consciência de classe.

A burguesia necessitava pensar as formas aptas a sustentarem sua posição na luta de classes: a partir do pensamento jusnaturalista em formação, construiu-se a ideia de um sujeito de direito como detentor da razão, o *ego cogito* que sustenta toda a existência do mundo, a única existência de que não se pode duvidar. A filosofia das ciências humanas que desenvolve a crítica da razão (em especial Kant) irá reforçar toda a concepção de mundo necessária à burguesia: como uma revolução aos moldes de Copérnico, o primado do sujeito terá papel relevante como arma na luta travada pela burguesia.[4]

---

[4] O problema identificado por Kant nas "tarefas da metafísica", o conhecimento dos objetos, é o motivo que o faz pretender melhorar a ciência por uma mudança metodológica que se assemelhe à revolução já operada na matemática e na física: "esses são os

Assim, como dirá Márcio Bilharinho Naves (2008, p. 57), a forma jurídica que funda o direito "nasce somente em uma sociedade na qual impera o princípio da divisão do trabalho, ou seja, em uma sociedade na qual os trabalhos privados só se tornam trabalho social mediante a intervenção de um equivalente geral". Sem a ideia de equivalente da troca mercantil, não haveria, portanto, a igualdade jurídica como mediadora do processo de transformação do trabalho em trabalho social, como meio de permitir a circulação da mercadoria e a reprodução dos meios de produção. Nesse sentido, a forma jurídica equivale à forma mercantil.

1.4. A forma jurídica na dominação de classes

A história é atravessada pela luta de classes. Ao se debruçar com atenção sobre o desenvolvimento da sociedade, das comunidades

---

dois conhecimentos teóricos da razão que devem determinar *a priori* o seu objeto" (KANT, 2010. No sistema clássico de citação da Crítica da razão pura: CRP; B X). Para ele, o método da metafísica, até então, tinha sido "um mero tacteio e, o que é pior, um tacteio apenas entre simples conceitos" (CRP; B XV). Seu maior credor será David Hume, responsável por seu despertar do sono dogmático, mas é contra ele mesmo que se volta: para Kant, o problema em seu pensamento está em considerar tais princípios meramente ligados à natureza humana, isto é, ligados necessariamente às nossas representações. Dirá que a subjetividade dos princípios será transcendental, ultrapassando uma pretensa harmonia entre os princípios da Natureza e os da natureza humana. Como diz Gérard Lebrun (1993, p. 14), "o entendimento, longe de ser cópia autenticada de minhas experiências, é o '*metteur em scène*' da experiência". O sujeito passa a se relacionar com os objetos pela intuição, "porque de outro modo nenhum objecto nos pode ser dado" (CRP; B 31), o que será possível por meio de uma estética transcendental, isto é, uma ciência dos princípios da sensibilidade *a priori* apresentados na obra da fase crítica.

Kant deu um salto de qualidade na metafísica, bem como na crítica entabulada por Hume contra os dogmáticos. Partindo, agora, a partir do entendimento, das intuições *a priori* para, então, conhecer o objeto observado, estabelece a certeza clara e distinta da ciência para a metafísica, projeto este elaborado em contramão ao que tinha até o momento. Trata-se de toda a teorização necessária para a burguesia que, dentro da formação social de estamentos existente no feudalismo, possuía capital, mas não possuía direitos. Esse será o fundamento para a crença no conhecimento universal dos direitos. "Kant constrói, ao cabo de sua empreitada na Crítica da razão pura, um conhecimento que é calcado na subjetividade, mas que é universal, com categorias prévias à experiência" (MASCARO, 2010, p. 215), ou seja, um conhecimento que somente será possível a partir do espaço, enquanto sentido externo, bem como pelo tempo, enquanto sentido interno, sendo estas "intuições puras *a priori*" (CRP; B 73).

mais simples à complexidade da atualidade, constata-se que a divisão social sempre caminhou num mesmo sentido: dominantes e dominados. O movimento histórico é o de observação, exploração e dominação do senhor em relação ao escravo. Assim já alertara Hegel quando disse (1992, p. 130):

> O senhor é a consciência para si essente [...]. O senhor, porém, é a potência sobre esse ser, pois mostrou na luta que tal ser só vale para ele como um negativo. O senhor é a potência que está por cima desse ser; ora, esse ser é a potência que está sobre o Outro; logo, o senhor tem esse Outro por baixo de si: é este o silogismo [da dominação].

La Boetie, no século XVI, já destacara que houve um "mau encontro" da sociedade com o inominável problema que gerou a desigualdade política entre as pessoas. Uma das consequências é que o *servir* – isto é, aceitamos a divisão da sociedade em classe que domina e classe que é dominada – é levantado como forma de proteção do *ter*. Perde-se a igualdade material ligada à liberdade natural e se institui a servidão sem perceber o mau escondido: "com certeza, agora o desejo de servidão contradiz o desejo de ter, pois priva os homens de possuírem todos os bens 'que os tornariam felizes e contentes'" (LEFORT, 1999, p. 138).

> Para adquirir o bem que querem, os audaciosos não tememm o perigo, os avisados não rejeitam a dor; os covardes e embotados não sabem suportar o mal nem recobrar o bem, limitam-se a aspirá-los, e a virtude de sua pretensão lhes é tirada por sua covardia; por natureza fica-lhes o desejo de obtê-lo. (LA BOETIE, 1999, p. 15)

Rousseau, ao investigar a natureza humana por meio do método arqueológico e negativo, não em relação a fatos ou por meio de seu desenvolvimento histórico, reconhece que o ser humano tem adquirido características que o tornam cada vez mais distante da liberdade natural, do amor-de-si e do amor dos outros: a criação de normas, a propriedade privada, a institucionalização de leis e o estabelecimento dos governos teriam criado, primeiramente, a desigualdade econômica e, por consequência, a desigualdade política que dominaria o bom selvagem.

> Desde o instante em que um homem sentiu necessidade do socorro de outro, desde que se percebeu ser útil a um só contar com provisões para dois, desapareceu a igualdade, introduziu-se a propriedade, o trabalho tornou-se necessário e as vastas florestas transformaram-se em campos aprazíveis que se impôs regar com o suor dos homens e nos quais logo se viu a escravidão e a miséria germinarem e crescerem as colheitas. (ROUSSEAU, 1991, p. 265)

Marx vai além. Ao inaugurar o materialismo histórico, reconhece que a sociedade é marcada por luta de classes desde uma origem remota: servos *versus* escravos; senhores *versus* vassalos; burguesia *versus* proletariado. A diferença surge com a possível virada nessa última divisão da sociedade em classes: o proletariado, ao sobrepujar a burguesia, não vê alternativa para manter a relação de dominação entre classes. No escravagismo, há divisão baseada no poder; no feudalismo, na necessidade de submissão; no capitalismo, nos salários, que provém da divisão social do trabalho; e no comunismo? Não sendo possível o retorno às fases anteriores, devido às experiências negativas já vividas, não há alternativa a não ser: o fim da divisão da sociedade em classes com a modificação das relações de produção.

Walter Benjamin, ao observar o quadro *Angelus Novus* de Paul Klee, teoriza a existência alegórica do Anjo da História que não consegue retornar para trás com o fim de fazer algo pelos que sofrem com um forte vendaval que se originou da paradisíaca sociedade comunista: essa tempestade, chamada progresso, afasta-nos das origens da natureza humana tanto mais o tempo passa. Ruínas se acumulam na terra até tocar os céus. Basta observar o que se tem construído em nome do progresso e do desenvolvimento. Qual seria, então, a solução para a salvação dos mortos e feridos no decorrer da História? "O Messias não virá apenas como salvador, mas também como vencedor do anticristo" (BENJAMIN, 1994 (2010), p. 224). Tal Messias é identificado com a Revolução da classe proletária que, como sujeito da história, conforme alertado por Marx, impõe o freio da transição socialista ao radicalismo do capital. "O único Messias possível é coletivo: é a própria humanidade, mais precisamente, como veremos depois a humanidade oprimida" (LÖWY, 2005, p. 51-52). A ação da sociedade oprimida com o fim de pôr termo à opressão é fundamental para o fim da luta de classes e de suas contradições estruturais, afetando diretamente as relações de produção capitalistas. "A experiência de nossa época: o capitalismo não morrerá de morte natural" (BENJAMIN, 2009, p. 708).

Vimos, assim, que a sociedade de classes capitalista caminha para sua superação. Ela não é, de forma alguma, necessária, mas sim contingente, pode modificar as bases da dominação que vivemos hoje.

A sociedade de classes é uma divisão necessária ao próprio capitalismo e, como vimos, necessária para a existência do direito. Sua superação, por dentro, não é possível. Pela expressão "por dentro" imaginamos as tentativas revisionistas de adequar o desenvolvimento *tout court* para apaziguar os males criados pelo capital. Mais especificamente, a tentativa de criação de um capitalismo humanista com o primado das forças produtivas: esse pretenso humanismo, que mantém intacta as relações de produção, não militam pela felicidade coletiva, mas de quem já possui e desfruta dos prazeres da vida.

A sociedade dividida entre ricos e pobres desenvolveu no decorrer da História a própria possibilidade de violação da natureza humana. Não é demais lembrar que a formação econômica subdesenvolvida da América Latina foi marcada pela utilização do trabalho escravo. O burguês branco europeu enxergou no ser humano do Novo Mundo, cujas diferenças físicas e culturais eram vistas a olho nu, o objeto para sua dominação: o *conquiro, ergo suum* das grandes navegações teria adiantado em cerca de um século o cogito cartesiano: enxergou-se o outro como diferente, inferior, logo abriu-se a oportunidade para a dominação.[5] Negros africanos e nativos do continente foram escravizados e utilizados na base da economia, não como trabalhador assalariado, mas como objeto, *res*. A divisão natural da pele criou uma divisão entre seres humanos de primeira e segunda classe.

A partir daí criou-se o gérmen da realidade de violação da condição humana. Preconceito, discriminação, racismo, violência e morte devido à origem racial, cultural ou por diferença no tom da pele tornaram-se ainda mais comum. No ano de 2012, no Brasil, declarou-se a possibilidade de diferenciação no ingresso na universidade dos descendentes destas comunidades exploradas como forma de pagamento de tal dívida histórica, enquanto a titulação de terras, ainda que produtivas, para

---

5 Enrique Dussel, em estudo sobre o eurocentrismo e sua relação com a modernidade dirá: "O *ego cogito* moderno foi antecedido em mais de um século pelo *ego conquiro* (eu conquisto) prático do luso-hispano que impôs sua vontade (a primeira "Vontade-de-poder" moderna) sobre o índio americano. A conquista do México foi o primeiro âmbito do ego moderno" (DUSSEL, 2005, p. 28).

A afirmação é altamente criativa e possui muita atualidade. A separação entre sujeito e objeto, próprio da filosofia cartesiana, somente surgirá nos sistemas filosóficos (positivistas) no *Discurso do método* e nas *Meditações metafísicas*, de René Descartes em 1637 (*Cogito, ergo sum* – "Penso, logo existo"). A nova filosofia da subjetividade passa a reconhecer um mundo corpóreo separado do eu e por ele condicionado. A consciência, a partir desse ponto, passa a dar atenção, tanto para si, como para o objeto e, ainda, para a consciência do objeto. E o que foram as invasões da América, senão um reconhecimento da Europa de terras que, por sua "inferioridade" civilizatória, deveria ser dominada, explorada, dividida e colonizada? É o reconhecimento de sua posição histórica, de sua diferença com o ameríndio, bem como da existência daquele e de suas riquezas que caracterizam a exploração da América.

remanescentes quilombolas é questionada como um perigo à segurança jurídica.

Não somente isso. Em que pese o progresso mova a sociedade para frente, as condições da mulher continuam um pé atrás em comparação com as do homem, como no caso do negro e do ameríndio: oferta de empregos, violência doméstica, remuneração pelo trabalho desempenhado. Em todas as áreas em que homem e mulher concorrem, a mulher continua, estruturalmente, em desvantagem, embora haja exceções que apenas qualificam a regra.

Qual tem sido o denominador comum entre essas formas de diferenciação? A sociedade de classes. A condição de aquisição da propriedade e, por consequência, o poder no capitalismo, permite a amenização das condições de violação da condição humana. Vale dizer que o capital traz melhoras nas condições de vida aos que é dado adquiri-lo. Assim, cumpre-nos perguntar se a todos são garantidas as mesmas condições de amenização ou, para os capitalistas humanistas, a superação da violação da condição humana. A pergunta é retórica; a resposta é clara: as condições não são as mesmas para os despossuídos.

Para uma superação de tais condições, o direito e a concessão de direitos surgem como aspectos emancipatórios. Nesse ponto, cabe lembrar o pensamento de dois filósofos que trataram de pensar o direito dentro dos limites da legalidade-ilegalidade, bem como o campo revolucionário: Georg Lukács e Walter Benjamin.

A obra capital de Lukács para a compreensão do direito é sua *História e consciência de classe*, de 1923, talvez sua obra mais polêmica, por guardar o título de relevância para o pensamento marxista e, ao mesmo tempo, de obra rejeitada por seu próprio autor. Nela, Lukács trabalha, essencialmente, a teoria da revolução em face da reificação capitalista, tendo desenvolvido posições anti-leninistas. A obra influenciou grandemente o pensamento filosófico do século XX, tendo ecoado, também, no pensamento de Theodor W. Adorno.[6] Lukács reafirma na obra de juventude o aspecto filosófico do marxismo a partir da teorização de seu método, por isso é considerado o pilar fundador do marxismo ocidental. Dirá: "O domínio da categoria da totalidade é o portador do princípio revolucionário da ciência" (LUKÁCS, 2003, p. 105). Não sem deixar de lado sua herança hegeliana, o que fica claro ao tratar o proletário como o "sujeito e objeto da história" (ZIZEK, 2003, p. 161), Lukács distingue o método marxista a partir da noção de totalidade, em oposição ao caráter fetichista da separação dos períodos históricos em compartimentos sem levar em consideração as contradições que estão inseridas na realidade. Em oposição à filosofia burguesa, Lukács deixa claro que tais contradições são imanentes à realidade, "pertencem, de maneira indissolúvel, à essência da própria realidade, à essência da sociedade capitalista" (LUKÁCS, 2003, p. 79).

O conceito revolucionário iniciado por Marx, da luta de classes, para Lukács, estará ligado umbilicalmente com a totalidade e seu conceito. Para Sergio Tischler, "o proletariado", na perspectiva de Lukács, "é uma classe revolucionária porque é a personificação de uma nova totalidade cujo sim é superar a

---

6 Sobre a trajetória do impacto de *História e consciência de classes* para o marxismo, Slavoj Zizek comenta: "História e consciência de classe (1923), de Georg Lukács, é um dos poucos verdadeiros eventos na história do marxismo. Hoje, nossa experiência do livro é apenas como de uma estranha lembrança fornecida por uma época já distante – para nós, é até mesmo difícil imaginar o impacto verdadeiramente traumático que seu aparecimento teve nas posteriores gerações de marxistas. O próprio Lukács, na sua fase termidorniana, i.e., do começo dos anos trinta em diante, tentou desesperadamente se afastar dele, tratando-o como um documento com mero interesse histórico. Aceitou que fosse reeditado apenas em 1967, fazendo-o acompanhar de um novo e longo Prefácio autocrítico. O livro teve, até que essa reedição 'oficial' aparecesse, uma espécie de existência fantasmagórica e subterrânea como uma entidade 'não morta', que circulava em edições piratas entre estudantes alemães da década de sessenta, estando também disponível em poucas e raras traduções (como a legendária edição francesa de 1959)" (ZIZEK, 2003, p. 159).

totalidade do capital". Prossegue: "Lukács faz coincidir tal categoria [i.e., da totalidade] com a figura do partido e do proletariado. De tal maneira, o sujeito já não é a forma burguesa reificada na figura do espírito absoluto, mas sim o proletariado".[7] Tratando sobre o direito, Lukács comentará as diferenças entre o velho direito baseados na tradição, e por isso irracionais, diante da nova formulação a partir do nascimento da modernidade, quando a sistematização marcará a forma jurídica reificada.

> As categorias puramente sistemáticas, que eram necessárias para que a regulamentação jurídica pudesse ser aplicada universalmente, surgiram somente no desenvolvimento moderno. E é claro que essa necessidade de sistematização, de abandono do empirismo, da tradição, da dependência material, foi uma necessidade do cálculo exato. No entanto, essa mesma necessidade exige que o sistema jurídico se oponha aos acontecimentos particulares da vida social como algo sempre acabado, estabelecido com precisão e, portanto, como sistema rígido. (LUKÁCS, 2003, p. 216)

O direito capitalista, marcado preponderantemente pela reificação, adaptar-se-á segundo as exigências dos meios de produção, segundo as necessidades do próprio capitalismo, ou seja, "terá sempre um fundamento econômico" (ALMEIDA, 2006, p. 110). Como comenta Alysson Leandro Mascaro, o direito terá, ainda que com as mudanças pensadas de acordo com a infraestrutura econômica, "uma estrutura racionalizável e técnica conservada" (MASCARO, 2010, p. 538).

Vale dizer, ainda, que, para Lukács, há possibilidade da constituição de uma ordem jurídica organizada pelo proletário,

---

[7] No original: "Para Lukács (1969) el concepto revolucionario de lucha de clases está íntimamente ligado al de totalidad. El proletariado, desde esa perspectiva, es una clase revolucionaria porque es la personificación de una nueva totalidad cuyo fin es superar la totalidad del capital. [...] Lukács hace coincidir dicha categoría con la figura del partido y del proletariado. De tal manera, el sujeto ya no es la forma burguesa reificada en la figura del espíritu absoluto, sino el proletariado" (VISQUERRA, 2007, p. 112-113).

Adorno e o direito | 55

pois "se o fundamento real da origem do direito é a modificação das relações de poder entre as classes", afirma Silvio Almeida, "a revolução e a tomada de poder pelo proletariado darão origem a uma ordem jurídica proletária" (ALMEIDA, 2006, p. 110). A contribuição de Lukács para compreender o fenômeno jurídico enquanto fruto da reificação é grandiosa. O que devemos ter em mente, apenas, é que a compreensão do estabelecimento de uma ordem jurídica proletária não faz parte de uma teoria marxista que parte verdadeiramente dos escritos maduros de Marx. Márcio Bilharinho Naves relembra que "a democracia implica a existência de regras jurídicas de observância obrigatória que confinam a luta política dentro de limites legais estabelecidos" (NAVES, 2000, p. 97).

Dentro da tese de Lukács limitada pelo campo jurídico, as armas do proletário, na luta de classes, ficariam resumidas ao que o direito permitisse. Como afirma categoricamente Silvio Almeida, "A 'legalidade proletária' a que alude Lukács, para Pachukanis não seria possível, já que toda legalidade está intrinsecamente vinculada à forma mercantil, e por este motivo, é eminentemente burguesa" (ALMEIDA, 2006, p. 116).

A forma jurídica, ainda que pretensamente proletária, conforme quer nos passar Lukács, "tolhe a iniciativa das massas, que só podem se exprimir por meio dos órgãos e procedimentos previstos em lei" (NAVES, 2000, p. 97). Em outro momento dirá Márcio Naves que, para Marx, o trabalhador não pode "formular uma estratégia de luta sob o modelo do direito, porque o direito está irremediavelmente vinculado ao processo de trocas de mercadorias, portanto, está irremediavelmente vinculado à sociedade burguesa" (NAVES, 2005, p. 101).

É sintomático o papel de Walter Benjamin para compreender a impossibilidade da batalha do proletariado na luta de classes dentro do campo jurídico. Em seu ensaio *Zur Kritik der Gewalt*,[8] de 1921, compreende o papel do direito enquanto violência e poder ao mesmo tempo. Assim, o direito como arma da classe que detém o domínio das relações sociais não permitirá a ação da classe oprimida, a não ser que dentro da legalidade. Benjamin também foi marcado indelevelmente por *História e consciência de classe* de Lukács, publicado em 1923. Ocorre que, já em 1921, passava por uma transição teórica que o permitia ver de maneira crítica o fenômeno jurídico. Conforme atesta Gershom Scholem, "o ano de 1921 foi um ponto de transição em sua vida [...]. Escreveu, nessa época, o ensaio *Zur Kritik der Gewalt*, que inaugurou a série de trabalhos 'políticos' e que [...] evocava todos os temas que o haviam agitado na época da Suíça, suas ideias sobre mito, religião, direito e política" (SCHOLEM, 2008, p. 99). Esse fato não nasce à toa no pensamento de Benjamin, pois já era grande conhecedor de Kafka, escritor que tinha muita afinidade com o mundo das leis e da justiça institucionalizada.

O texto sistematiza o caráter violento do direito que não permite o nascimento de outro poder que, em oposição àquele, possa ameaçar sua legitimação. Diz Benjamin: "talvez deva se levar em consideração a surpreendente possibilidade de que o interesse do direito em monopolizar o poder diante do indivíduo não se explica pela intenção de garantir os fins jurídicos, mas de

---

8   A já clássica tradução do texto de Benjamin para o português por Willi Bolle destaca a importância da palavra *Gewalt* para a compreensão da tese: "todo o ensaio é construído sobre a ambiguidade da palavra *Gewalt*, que pode significar ao mesmo tempo 'violência' e 'poder'. A intenção de Benjamin é mostrar a origem do direito (e do poder judiciário) a partir do espírito da violência. Portanto, a semântica de *Gewalt*, neste texto, oscila constantemente entre esses dois polos; tive que optar, caso por caso, se 'violência' ou 'poder' era a tradução mais adequada, colocando um asterisco quando as duas acepções são possíveis" (BENJAMIN, 1986, p. 160, nota de rodapé). No mesmo sentido de Willi Bolle, comenta Eduardo Maura Zorita: "Benjamin, desde el comienzo, exige cautela, ya que el propio título impone una doble lectura. Gewalt, en alemán, significa tanto violencia, en sentido enfático, como poder, en el sentido de poder establecido. Así, El propósito del ensayo es doble: primero, establecer los fundamentos para una distinción entre violencia mítica y violencia divina. Segundo, elevar desde dicha dicotomía una crítica de largo alcance de las estructuras del poder establecido" (ZORITA, 2009, p. 268).

garantir o próprio direito" (BENJAMIN, 1986, p. 162). Assim, tirar o poder do direito, colocando em mãos alheias seria, para ele, uma ameaça, pois sua própria existência depende, necessariamente, dessa carga de violência.

Há duas funções da violência para o aparato jurídico criado pelo Estado: a instituição do direito, bem como sua própria manutenção (BENJAMIN, 1986, p. 165). A limitação do campo teórico de Benjamin não o permite enxergar a própria necessidade do direito para a infraestrutura econômica, posto que só encontrará um caminho dentro do marxismo a partir da leitura de Lukács, mas seu horizonte político o faz encontrar a seguinte especulação: "O direito começa a instituir fins, com a intenção de poupar manifestações mais fortes ao poder mantenedor do próprio direito" (BENJAMIN, 1986, p. 168). Nesse aspecto, uma luta de classes travada dentro do campo jurídico, indo mais além, a instituição de uma nova forma de produção comunista, estágio superior das relações sociais, não pode ser travada ou declarada dentro dos limites jurídicos. Isso, pois, como já dissemos, sendo a forma jurídica equivalente à forma mercantil, sujeito de direito e mercadoria, não pode se adequar aos objetivos de uma superação do próprio capitalismo.

O poder revolucionário, esse sim "a alta manifestação do poder puro, por parte do homem" (BENJAMIN, 1986, p. 175), deve ser imaginado para além da forma jurídica. Não se fala no binômio legalidade-ilegalidade, mas travar uma luta de classes com o fim de superar essa própria dicotomia.

***

Como visto até aqui, uma filosofia marxista do direito tem como ponto mais importante desvendar esse duplo caráter ideológico e reflexo do direito em relação à infraestrutura econômica capitalista. Trata-se de uma crítica que vem crescendo desde os primeiros escritos maduros de Marx e Engels, passando por Pachukanis e Althusser. Pensar o direito como institucionalização universal da justiça, seria, senão infantilidade, pura forma de esconder essa equivalência entre a forma jurídica e a forma mercantil.

A partir desta crítica marxista, passamos à análise do pensamento de Theodor W. Adorno naquilo que pode contribuir para o engrandecimento dessa crítica, bem como salientando os pontos em que, conforme veremos, ficou aquém dos próprios textos de Marx.

2
PARA UMA FILOSOFIA ADORNIANA DO DIREITO

> *Quanto mais o espírito dominador afirma a identidade tanto mais o não idêntico sofre injustiça. A injustiça passa adiante pela resistência do não idêntico. Por sua vez a resistência reforça o espírito opressor, enquanto o oprimido se arrasta envenenado. Tudo avança no todo, exceto até o hoje o próprio todo.* (Adorno, Progresso)

> *A justiça se absorve no direito.* (Adorno e Horkheimer, Dialética do esclarecimento)

Pensar o desenvolvimento da crítica de um filósofo pressupõe compreender o mundo em que está inserido. Ler determinada obra requer conhecer que, em regra, elas são escritas para se opor ou se firmar em uma corrente de pensamento, cabendo retirar cirurgicamente o núcleo duro da filosofia lá exposta, limpar como um arqueólogo os detritos ideológicos que sobre ela são derramados com os anos e, aí sim, poder pensar a partir de suas ideias.

Com Theodor W. Adorno não é diferente. Ele é reconhecidamente um dos pensadores mais profícuos do século XX e adiante. Sua influência é demasiada ao ponto de ser estudada nos campos da sociologia, psicanálise, filosofia social, educação, estética, ética, filosofia política etc. Como lembra Mathias Becker, não é sem motivo que Adorno não é sistematicamente estudado pelos juristas, pois ele não foi propriamente um filósofo do direito, mas seus escritos sobre a relação entre o direito e o Estado podem auxiliar muito em nossa reflexão, pois ele escreveu sim uma filosofia do direito.[1] Não sem motivos o trabalho não é fácil, pois sua filosofia não auxilia quem se debruça sobre ela.

Conforme Adorno, ao citar Nietzsche, "somente o que não tem história pode ser definido" (ADORNO, 2008, p. 100), o que não é o caso de sua filosofia. Seja para compreender a grandiosidade de seu pensamento, seja para compreender os pontos--chave onde poderia ter avançado ainda mais, seja para intentar uma leitura crítica de seus estudos, conforme já delimitado na introdução, não podemos nos furtar de enxergar sua filosofia a partir da ruptura existente com a Segunda Guerra. Independentemente de tal ênfase, alguns dos pontos por ele tratados que afetam diretamente o direito merecem ser destacados.

Para Adorno, "filosofia é o que há de mais sério dentre todas as coisas, e, no entanto, ela não é tão séria assim" (ADORNO, 2009, p. 21), principalmente se consideradas as luzes e sombras lançadas sobre a história. Por isso estabelecemos, diante da relevância dos temas tratados na filosofia de Adorno, temáticas que afetam diretamente uma crítica marxista do direito.

---

1 "Aber auch in der philosophischen Literatur gibt es keine Untersuchung, die sich überhaupt eingehend mit den rechtsphilosophischen Aspekten der Philosopie Adornos beschäftigt, bzw. gar den Versuch unternimmt, das Verhältnis Adornos zu Recht un Staat begrifflich zu entwickeln. Begründet wird dies entweder gar nicht oder damit, daß Adorno kein Rechtsphilosoph sei, da er jein Rechtsphilosophie geschrieben habe, bzw. sich aus seiner Philosophie ein inhaltliche Ablehnung dieses Gebietes als Reflexionsraum aufdränge" (BECKER, 1997, p. 17).

2.1. Dominação econômica do consciente e do inconsciente

O traço marcante da filosofia de Adorno é a crítica à sociedade industrial. A dominação econômica exerce sobre os indivíduos duas frentes de ataque: uma objetiva, por meio das relações de produção que agridem a própria subsistência e prendem os indivíduos na sociedade de classes; bem como uma subjetiva, através da indústria cultural que tem como objetivo "inculcar no indivíduo os comportamentos normalizados como os únicos naturais, decentes, racionais" (ADORNO; HORKHEIMER. 2006, p. 35). Para o nosso estudo, Adorno atribui essa situação ao próprio caráter ideológico do direito. A dominação está relacionada à própria constituição do direito, o que impede que os indivíduos possam enxergar o real mecanismo que o sustenta. Adorno dirá na *Dialética negativa*:

> O fato de o indivíduo ser tão facilmente vítima de injustiças quando o antagonismo de interesses o impele para a esfera jurídica não é, como Hegel gostaria de convencê-lo, culpa sua, no sentido de que ele seria cego demais para reconhecer o seu próprio interesse na norma jurídica objetiva e em suas garantias; isso é muito mais culpa dos elementos constituintes da própria esfera do Direito. (ADORNO, 2009, p. 258)

O sujeito que se vê injustiçado procurará no direito a realização de sua felicidade. Adorno critica o sistema jurídico ao dizer que seus elementos constitutivos são responsáveis pela busca da esfera jurídica como garantia de proteção contra injustiças. Adorno estava ciente de que essa, na verdade, é a manutenção do próprio sistema de injustiças do capitalismo. A resistência forçada contra a injustiça, ainda que por meio do aparato jurídico criado para tal, é a própria continuidade da injustiça. "A injustiça passa adiante pela resistência do não idêntico. Por sua vez a resistência reforça o princípio opressor, enquanto o oprimido se arrasta envenenado" (ADORNO, 1992, p. 223).

Adorno reconhece que essa dominação perpetuada por uma filosofia do direito que tem como núcleo o sujeito de direito não se resume aos aparatos da justiça institucionalizada. Essa violência do direito está intrinsecamente ligada ao próprio sistema até em situações que, à primeira vista, parecem ser de proteção aos despossuídos.

> O trabalho produtivo do capitalista – não importa se justificava seu lucro como salário do empresário, como no liberalismo, ou como vencimentos de diretor, como hoje – era a ideologia que encobria a essência do contrato de trabalho e a natureza rapinante do sistema econômico em geral.
> [...]
> Só a relação do salário com os preços exprime o que é negado aos trabalhadores. Com seu salário, eles aceitaram ao mesmo tempo o princípio da expropriação do salário [*Entlohnung*]. (ADORNO; HORKHEIMER, 2006, p. 144)

A exploração das forças produtivas sempre acompanhará o direito. Aceitar o salário é, ao mesmo tempo, aceitar a expropriação do salário, ou seja, a dominação indireta. Isso será escondido para que continue a fazer parte estrutural da própria forma de produção capitalista:

> De fato, o que se desenvolve atualmente é uma espécie de Estado de bem-estar social em grande escala. Para afirmar sua própria oposição, as pessoas conservam em movimento a economia na qual, graças à técnica extremamente desenvolvida, as massas do próprio país já são, em princípio, supérfluas enquanto produtoras. Os trabalhadores, que são na verdade aqueles que proveem a alimentação dos demais, são alimentados, como quer a ilusão ideológica, pelos chefes econômicos, que são na verdade os

alimentados. A posição do indivíduo torna-se assim precária. (ADORNO; HORKHEIMER, 2006, p. 124)

A consciência de classe que é abandonada na construção da filosofia de Adorno encontra aqui mais uma implicação: como poderá o explorado atingir o ideal da libertação sem o reconhecimento da própria atuação ideológica do direito e do Estado? A resposta de Adorno fica suspensa por retirar a luta de classes de sua filosofia, contentando-se, apenas, no prognóstico da "melancolia de esquerda", conservando o passado memorioso e colocando-se à margem de todo conhecimento que se pretenda totalitário.

A luta de classes passa desmerecida e esquecida na sociedade industrial, tendo em vista o papel do Estado nas relações econômicas. No século XX, tanto economistas keynesianos quanto neoclássicos revezaram no imaginário da superação das crises do capitalismo. Melhoras nas condições de vida da população impediram que os explorados reconhecessem a existência da luta de classes necessária à própria exploração do trabalho. Tal resposta somente será provida por uma filosofia marxista que entenda a ligação das relações de produção, as crises e a estrutura de classes.[2]

Adorno, por desconsiderar o papel do crescimento do descontentamento geral com o plano econômico, bem como com a limitada satisfação por meio da concessão de direitos, perdeu o momento de desenvolver sua crítica social contra

---

2   Sobre o tema, destacamos o balanço de tais teorias econômicas promovido por Stephen Resnick e Richard Wolff: "An alternative to both neoclassical and Keynesian explanations and solutions for capitalist crises emanates from the Marxian tradition. Its explanation stresses neither what Keynesians focus on (destabilizing maneuvers by self-seeking individual consumers, producers, merchants, and banks facing an inherently uncertain economy and/or possessing asymmetrical information in regard to markets) nor what neoclassicists pinpoint (market-destabilizing concentrations of private power by market participants and/or public power by the state). Rather, Marxian theory pursues the connections between capitalism's crises and its distinctive class structure (its particular juxtaposition of capitalists appropriating and distributing the surpluses workers produce)" (RESNICK; WOLFF, 2010, p. 173).

os mecanismos da infraestrutura econômica. Tal falha não pode deixar de ser apontada, ainda que entenda que a estética seja o caminho para uma alteração da individualidade dos explorados. Sem a alteração das relações de produção, diretamente ligada à existência das classes, de nada adiantaria a intencionalidade subjetiva.

2.2. O espírito da autoconservação nas figuras míticas

O Excurso I da *Dialética do esclarecimento* traça a relação entre mito e esclarecimento, ambos a mesma face da moeda, através das viagens e aventuras de Ulisses. Mais uma vez, o jurídico ganha um papel especial quando, ao enfrentar as figuras míticas, Ulisses encara o direito de "contratos petrificados, reivindicações pré-históricas" com a principal característica de imposição da força (ADORNO; HORKHEIMER, 2006, p. 56).

As figuras míticas, compreendidas na *Odisseia*, de Homero, estão presas à repetição de seus atos, sem a qual podem perecer. Isso lhes é imposto como obrigação: "Cada uma das figuras míticas está obrigada a fazer sempre a mesma coisa. Todas consistem na repetição; o malogro desta seria seu fim" (ADORNO; HORKHEIMER, 2006, p. 56): Será assim com Cila e Caribde, monstros que "tem o direito de reclamar aquilo que lhes cai entre os dentes"; à feiticeira Circe é garantido o direito de "metamorfosear quem quer que não seja imune a sua mágica"; já Polifemo tem o direito de devorar seus hóspedes (ADORNO; HORKHEIMER, 2006, p. 56).

> São figuras da compulsão: as atrocidades que cometem representam a maldição que pesa sobre elas. A inevitabilidade mítica é definida pela equivalência entre essa maldição, o crime que a expia e a culpa que dele resulta e reproduz a maldição. A justiça traz até hoje a marca desse esquema. (ADORNO; HORKHEIMER, 2006, p. 56)

Para os filósofos, a justiça mantém a característica mítica de relação necessária entre maldição, expiação pelo crime, culpa e reprodução da maldição. Não parece ser diferente quando se observa a forma de aplicação das penas na atualidade, quando a pessoa, já está entregue à inevitabilidade da vida sem oportunidades. Ao sistema jurídico não importam as condições que levaram ao cometimento do crime; ele é vingativo. Não há algo que pudesse permitir – dizemos de forma efetiva – a prevenção do envolvimento em situações de risco da própria vida, pois a pobreza que causa o crime é a maldição que sustenta o sistema.

No *Fragmento de uma teoria do criminoso*, na parte final da *Dialética do esclarecimento*, Adorno e Horkheimer, ainda que de modo não imediatamente ligado aos ensaios principais, relembram o "esquema" da justiça com raízes no direito das forças míticas, a forma de reprodução da maldição pela expiação do crime e a culpa dele resultante. Eles entram no campo jurídico propriamente dito.

> [...] assim como o criminoso, a pena de privação da liberdade também era uma instituição burguesa. [...] A pena de prisão regular pressupõe uma crescente necessidade de força de trabalho e reflete o modo de vida burguês como sofrimento. As fileiras de células da moderna penitenciária representam mônadas no autêntico sentido de Leibniz. [...] As mônadas não tem nenhuma influência direta umas sobre as outras; quem regula e coordena sua vida é Deus, vale dizer, a Direção. A absoluta solidão, o retorno forçado ao próprio eu, cujo ser se reduz à elaboração de um material no ritmo monótono do trabalho, delineiam como um espectro horrível a existência do homem no mundo moderno. (ADORNO; HORKHEIMER, 2006, p. 186)

No texto que pode servir de apoio para compreender a visão dos filósofos sobre a instituição da justiça punitiva, vimos que a própria prisão reflete a sociedade burguesa. Mais ainda, é necessária a ela, pois reafirma o caráter monadológico da sociedade burguesa, bem como impõe "um símbolo contra a realidade em que são forçados a se transformar" (ADORNO; HORKHEIMER, 2006, p. 186), uma forma visível de punição caso os demais indivíduos atentem contra o núcleo jurídico base: o sujeito de direito.

Ambos reconhecem que "os prisioneiros são doentes", mas no sentido de serem vítimas de uma condição social de que não podem escapar e que os afeta o corpo e o espírito. Sua única saída foi o crime, essa substância natural da autoconservação e, como destacam, "qualquer um de nós teria agido do mesmo modo que o assassino, não houvesse um feliz encadeamento de circunstâncias nos concedido a graça do discernimento" (ADORNO; HORKHEIMER, 2006, p. 187). A violência mítica que força a reprodução da maldição equivale à justiça que impõe a continuidade da máquina que sustenta o sistema capitalista pela porta dos fundos. O direito penal, portanto, buscará na filosofia apenas um apoio ideológico para tentar conservar uma armadura de proteção social, quando na verdade protegerá o sujeito de direito, não a real liberdade.

> Não obstante, como as ciências particulares – de maneira paradigmática a ciência do direito penal – não estão à altura da pergunta sobre a liberdade e precisam admitir sua própria incompetência, elas buscam auxílio precisamente junto à filosofia que, em função de sua oposição simplista e abstrata ao cientificismo, não está em condições de prestar tal auxílio. Apesar de a ciência esperar da filosofia a decisão sobe aquilo que para ela mesma é insolúvel [i.e., a doutrina da liberdade], ela só recebe da filosofia conselhos ideológicos. (ADORNO, 2009, p. 182)

A falta de interesse no fim da reprodução dessa maldição é clara e talvez seja o adendo necessário para a filosofia de Adorno e Horkheimer: como diz Pachukanis, "o tribunal penal é não apenas a encarnação da forma jurídica abstrata, e sim, ainda, uma arma imediata da luta de classes. Quanto mais aguda e mais intensa for essa luta, mais difícil se tornará exercer o domínio de classe na forma do direito" (PACHUKANIS, 2017, p. 174).

Adiante, há uma denúncia contra a própria modernidade, quando na *Dialética do esclarecimento* é levantada a questão da inexistência de lei para os ciclopes, mesma raça de Polifemo. Lembrando que Homero os trata como monstros sem lei que não plantam ou cuidam de animais, mas vivem com a abundância que lhes é natural, Adorno e Horkheimer destacam que essa é a própria acusação contra as regras civis civilizatórias: "A abundância não precisa da lei e a acusação civilizatória da anarquia soa quase como uma denúncia da abundância" (ADORNO; HORKHEIMER, 2006, p. 61).

É apontado que, na abundância, a lei não necessariamente deve existir. Isso quer dizer, em sentido contrário, que com a restrição de propriedade para o estabelecimento de regras contra todos, típico da lei civil, a lei se torna necessária. Isso nos faz lembrar o segundo discurso de Rousseau, para quem a propriedade privada está relacionada ao nascimento da "desigualdade moral ou política" (ROUSSEAU, 1991, p. 235). Para este, a desigualdade natural, ou física, relacionada ao porte, idade ou mesmo de saúde não chegariam a ter efeito, mas com o nascimento da propriedade privada de bens, a situação muda.

No caso dos gigantes, "é a ausência de vínculo entre os habitantes das cavernas que explica a ausência de uma lei objetiva" (ADORNO; HORKHEIMER, 2006, p. 61). Com a paixão derivada do orgulho pelo olhar que se lança, a percepção de superioridade do homem natural inicia uma mudança possível pela perfectibilidade. Daí para a divisão do trabalho em agricultura e metalurgia, acumulação de bens e estabelecimento do direito civil da propriedade em face da regra geral de que "os frutos são de todos e a terra é de ninguém" foi um passo gigantesco.

A existência necessária da propriedade no capitalismo é clara. Será na Idade Média, no limiar do sistema de produção capitalista que surge uma nova forma de encará-la. Com o aparecimento do novo modo de produção, não há mais motivos para separar proprietários dos meios de produção dos que os utilizam através da venda de seu trabalho, a não ser: o lucro. No campo empresarial isso é facilmente observado, em especial com as grandes navegações que impulsionaram o imperialismo europeu com a finalidade da conquista da terra, da propriedade, como colonização de exploração.

Agora, nos casos da propriedade privada para as famílias e seu sustento, a situação é mais velada. Não há lucro direto, mas há a injustiça social que entra nos genes da propriedade: quem a possui, não quer que lhe tomem. É seu e de mais ninguém. Não há, em regra, preocupação com o outro, sendo umas das consequências da morte da alteridade.

Engels (1997, p. 200) demonstrou que a constituição da propriedade privada que, pelo epíteto privado, já demonstra a vantagem de alguém, necessariamente determina o prejuízo de outros. A cerca que delimita o que pertence ao idêntico é sempre a que exclui o não idêntico.

"Com a expansão do comércio, o dinheiro, a usura, a propriedade territorial e a hipoteca, progrediram rapidamente a centralização territorial e a concentração das riquezas nas mãos de uma classe pouco numerosa" (ENGELS, 1997, p. 188). Como consequência, houve empobrecimento das massas e o aumento numérico de pobres no campo e na cidade. A nova aristocracia da riqueza, em formação, acabou por isolar a antiga nobreza tribal, em todos os lugares onde não coincidiu com ela, onde eram incompatíveis, como Atenas, Roma e entre povos germanos.

Adorno e Horkheimer nos permitem entender, assim, que o estatuto das figuras míticas que sobrevive até nossos dias mantém uma função mediadora pelas próprias relações de produção em que estão inseridos. Isso por que mito e esclarecimento, ambos, como já dito, são a mesma face da moeda.

2.3. "A mimese do que está morto"

A filosofia da identidade, baseada na igualdade formal, é a espinha dorsal de toda filosofia do direito conservadora, originária da Idade Moderna. O que está por detrás da normativa "todos são iguais perante a lei"? Porque necessitam ser iguais? A resposta está em uma das características mais primitivas do ser humano: a mimese, a cópia do ambiente. Introjetam-se características para assimilação ao meio.

Com o projeto de emancipação iluminista, a razão, inconscientemente, passa a acelerar a atuação da mimese. Aliás, não poderia ser de outra forma. Não é útil para quem determina a ordem (e por isso tem o poder de decisão) que as pessoas saibam de algo tão fantasmagórico: "A *ratio*, que recalca a mimese, não é simplesmente seu contrário. Ela própria é mimese: a mimese do que está morto" (ADORNO; HORKHEIMER, 2006, p. 55). Mais à frente ratificarão: "a vida paga o tributo de sua sobrevivência assimilando-se ao que é morto" (ADORNO; HORKHEIMER, 2006, p. 149). A razão do projeto iluminista kantiano que tinha como objetivo a emancipação do homem, a iluminação dos caminhos do sujeito, mantém a característica mítica da mimese. O que numa pretérita fase mágica da sociedade era fruto da adaptação orgânica necessária ao outro e, posteriormente, tornou-se proscrito com o primado da razão, tornou mais uma vez a fazer parte da sociedade por dentro do processo civilizatório.

> Se, por um lado, a atitude mimética – enquanto expressão da consciência mágica – permitia ao xamã assemelhar-se, com suas atitudes, gestos e indumentárias, aos múltiplos espíritos, assegurando assim o reconhecimento da diferenciação no seio da natureza, por outro, essa mesma atitude deixava transparecer, de maneira evidente, o princípio da dominação.
> [..]
> Quando da passagem para a ciência moderna, tal identidade é consumada e, por seu intermédio, o princípio da dominação aparecerá invertido. A clara subjugação do homem à natureza se inverterá na subjugação da natureza ao homem. (LASTÓRIA, 2001, p. 65)

Conforme Adorno e Horkheimer nos disseram, algo de morto é mimetizado, copiado, introjetado no íntimo do indivíduo pela sociedade capitalista tardia, o que não é percebido por meio do recalque da razão. A sociedade se torna, assim, "um prolongamento da natureza ameaçadora enquanto compulsão duradoura e organizada que, reproduzindo-se no indivíduo como uma autoconservação, repercute sobre a natureza enquanto dominação social da natureza" (ADORNO; HORKHEIMER, 2006, p. 149-150). Esse elemento mimetizado passa a ser necessário à sociedade, sempre estará lá, mas sem a tomada de consciência crítica não será possível descobrir. Mas o que é morto que, ao mesmo tempo, é mimetizado pelo ordenamento jurídico, pelo ideal iluminista? Para tanto, cabe pensar o que está por trás do quadro caótico pintado por Seyla Benhahib:

> Mas, como mostra a regressão da cultura para o barbarismo promovida pelo nacional-socialismo, a astúcia [*List*] de Odisseu, origem da *ratio* ocidental, não conseguiu superar

o temor original que a humanidade tem do outro [...] A razão ocidental, que se origina no ato mimético de dominar a alteridade igualando-se a ela, culmina num ato de projeção que, mediante a tecnologia da morte, consegue fazer a alteridade desaparecer. (BENHAIB, 1996, p. 80)

A figura de Odisseu, ou Ulisses, é reconhecida como a origem da razão ocidental, como se refere Benhaib. Com o fim de sobreviver, a *ratio* não mede esforços, como no episódio em que Ulisses, utilizando-se da razão (ainda não suficiente) para safar-se do ataque dos demais Ciclopes ao atacar Polifemo engana-o com o nome de *Ninguém* (HOMERO, 2001, p. 164-165 – Canto IX):

> Mas, quando vi que a bebida alterara a razão do Ciclope, para ele, então, me voltando, palavras melífluas lhe disse: "Pois bem, Ciclope, perguntas-me o nome famoso? Dizer-to vou; mas a ti cumpre dar-me o presente a que há pouco aludiste.
> Ei-lo; Ninguém é o meu nome; Ninguém costumavam chamar-me não só meus pais, como os mais companheiros que vivem comigo."
> [...]
> Em altos brados, então, chama os outros Ciclopes, que em grutas da redondeza habitavam, nos cimos por ventos batidos.
> Estes lhe ouviram os gritos, correndo de todos os lados.
> Postos em roda da furna, perguntam de que se queixava:
> "Ó Polifemo, que coisa te faz soltar gritos tão grandes na noite santa, o que tanto a nos todos o sono perturba?
> Mau grado teu, porventura, algum homem te pulha o rebanho? Mata-te alguém, ou com uso de força ou por meio de astúcia?"
> De dentro mesmo da funa lhes diz Polifemo fortíssimo:
> "Dolosamente, Ninguém que matar-me. Sem uso de força".

O mito e a razão são guiados pelo mesmo princípio condutor: a autoconservação. "A autoconservação nasce do medo mítico de perder o próprio eu, medo da morte e da destruição" (MATOS, 1999b, p. 156). A astúcia de Ulisses reside em utilizar a *ratio* para criar um meio de, temendo perder a vida, dominar o outro, na figura do gigante Polifemo. O mito domina a alteridade como a ciência também o faz. A existência marginal do outro força a utilização dos meios de violência para escapar da perda de sua existência.

Como já visto no primeiro capítulo, o direito – resultado da razão iluminista, capitalista – impõe sua violência para impedir qualquer manifestação que o ponha em perigo. Além disso, protege por tais meios violentos seus próprios objetivos: como reflexo da forma mercantil, protege as relações de produção capitalistas, utilizando-se de toda astúcia necessária.

A mimese faz com que reproduzamos aquilo que não tem vida, o inorgânico. Como vimos, a mercadoria é o núcleo de toda a economia política burguesa. Sua circulação dependerá, sempre, de sujeitos que a levem ao mercado para proceder à troca. Mas não basta a existência de tais sujeitos.

Relembremos que para a criação da igualdade jurídica, o conceito de sujeito de direito se tornou indispensável. Tenho direitos e exerço-os somente em condições de equivalência com os demais: sujeitos de direitos são iguais em direitos e deveres. Já disse Celso Naoto Kashiura Jr.:

> No que diz respeito ao direito, a onipresença do sujeito de direito implica a instauração de relações de equivalência entre pessoas. Esta equivalência é o império da igualdade jurídica, que, em suma, é a universalidade abstrata do sujeito de direito: os indivíduos são todos juridicamente iguais porque são todos igualmente reduzidos à forma de sujeitos de direito. (KASHIURA JR., 2009, p. 206)

Devemos, por isso, ir além. A igualdade, posta como prêmio na sociedade capitalista, serve como combustível para que a mercadoria circule. Necessita-se, portanto, do padrão de equivalência. Sem ele, não há a igualdade na troca, no ordenamento que garante a reprodução das relações de produção. Seria a sentença de morte do próprio direito enquanto instituidor da justiça ideológica. O que temos hoje: "o sujeito recria o mundo fora dele a partir dos vestígios que o mundo deixa em seus sentidos" (ADORNO; HORKHEIMER, 2006, p. 155): a projeção feita pelo sujeito é medir pela mesma igualdade que lhe é forçado viver no *status* civilizatório. Numa sociedade paranoica em que o mundo apenas é um acaso de sua própria vida, não precisando enxergar o outro como merecedor de respeito, percebe-se esse mesmo "mundo exterior da maneira como ele corresponde a seus fins cegos, ele [i.e., o paranoico] só consegue repetir o seu eu alienado numa maneira abstrata [...], recria o mundo segundo a sua imagem. [...] Seus sistemas não têm lacuna" (ADORNO; HORKHEIMER, 2006, p. 157).

A igualdade, até então fruto da assimilação violenta da natureza, deve ser posta como meio, não como fim jurídico da sociedade. Dar condições para que os desiguais consigam sobreviver diante das desigualdades, essa seria uma possível fórmula de desconstrução de injustiças reais. No campo prático, isso justificaria a adoção em larga escala de políticas e ações afirmativas por meio de políticas públicas do Estado, com o fim de garantir o caminho a uma igualdade substancial, a promoção de igualdade de condições para além do fetiche da mercadoria.

A vida está nas ruas. A luta de classes bate às nossas portas e incomoda, em especial quando vemos o "exército de desempregados" (ADORNO; HORKHEIMER, 2006, p. 43) aumentando a cada dia, servindo de apoio ao próprio capitalismo. As ações paliativas já não dão conta de tanto sofrimento causado pelas relações de produção, pela mercadoria e seu valor de troca. O jurista deve ir além do seu papel clássico de protetor da legalidade e da igualdade, caminhando ao encontro de seu papel de protetor da justiça social. Sua formação interdisciplinar com olhos nas realidades da rua, no não idêntico, é necessária. De outro modo, estará preso sempre à adaptação e repetição daquilo que está morto.

2.4. Justiça distributiva: justiça e direito

Caminhando nesse momento com Marx, Adorno e Horkheimer reconhecem que "as mesmas equações dominam a justiça burguesa e a troca mercantil" (ADORNO; HORKHEIMER, 2006, p. 20). Essa equação será aquela que insere na conta a igualdade jurídica por meio da equivalência da mercadoria, com o fim de tornar o indivíduo real e concreto em sujeito de direito abstrato. Dirão, ao comentar Francis Bacon:

> "Não é a regra: 'se adicionares o desigual ao igual obterás algo de desigual' (*Si inaequalibus aequali addas, omnia erunt inaqualia*) um princípio tanto da justiça quanto da matemática? E não existe verdadeira coincidência entre a justiça cumulativa e distributiva por um lado e as proporções geométricas e aritméticas por outro lado?" A sociedade burguesa está dominada pelo equivalente. Ela torna o heterônomo comparável, reduzindo-o a grandezas abstratas. (ADORNO; HORKHEIMER, 2006, p. 20)

O racionalismo cartesiano que veio a dominar o pensamento iluminista permite a redução do indivíduo real, suscetível às vicissitudes históricas, a abstração por meio de processos matemáticos. A equivalência e a proporcionalidade permitirão a comparação do não idêntico segundo o padrão da identidade. A injustiça, nesse passo, seria consequência lógica e inevitável.

Não se olvida que os ensaios da *Dialética do esclarecimento* foram desenvolvidos no período de 1941 a 1947 sob a pressão da notícia do suicídio do amigo e colaborador Walter Benjamin, de quem Adorno recebera, pelas mãos de Hannah Arendt, as teses "Sobre o conceito da História", bem como os relatos já difundidos do regime nazista.[3] Tal fato os marca num momento histórico de limite existencial em que Hitler ultrapassa todas as barreiras mais pessimistas que se poderia imaginar na época. Passam, assim, nas palavras de Joel Whitebook, "a reexaminar os pressupostos básicos de seus projetos" (WHITEBOOK, 2008, p. 107).

Esse regime viveu sob a bandeira da legalidade e a proteção da própria justiça institucionalizada. Hannah Arendt, ao relatar o julgamento de Adolf Eichmann ocorrido em Jerusalém, no ano de 1961, descreveu a situação político-social instaurada na Alemanha durante a Segunda Guerra Mundial e que legitimou, por meio da legalidade, os fatos também conhecidos de Adorno, situação que ficou conhecida na filosofia política como "banalização do mal". Por todos, reproduz-se o impacto da autora como um testemunho histórico:

> Eichmann, muito menos inteligente e sem nenhuma formação, percebeu pelo menos vagamente que não era uma ordem, mas a própria lei que os havia transformado a todos em criminosos. [...] Nem é preciso acrescentar que a parafernália legal resultante, longe de ser um mero sintoma do pedantismo ou empenho alemão, serviu muito eficientemente para dar a toda a coisa aparência de legalidade. (ARENDT, 1999, p. 167)

O conservadorismo de Hanna Arendt não permitiu que reconhecesse que não havia uma "aparência de legalidade" naquele caso: a própria lei protegeu tais ingerências à vida.

---

3 Sobre tese da influência da morte e do "testamento" de Benjamin, representado nas teses, Adorno escreveu a Horkheimer sobre o forte impacto que lhe causaram, considerando até mesmo mais influentes que as ideias do próprio Max a respeito da linguagem (MÜLLER-DOOHM, 2009, p. 269; DUARTE, 2009, p. 14).

A exceção se tornou a própria normalidade. "O meio no qual o mal, em virtude de sua objetividade, alcança um ganho de causa e conquista para si a aparência do bem é em grande medida o meio da legalidade" (ADORNO, 2009, p. 257). O direito se transforma em instaurador, não apenas da violência, mas do próprio terror. Assim, há elementos para crer que, para Adorno, o escape do horror prefigurado pela racionalidade de Auschwitz, esteja relacionado com o escape do próprio direito. "Apesar da sociedade, como no caso do Terceiro Reich, ter se tornado, sem razão, presa do puro arbítrio, o direito na sociedade conserva o terror, pronto a recorrer a ele a qualquer momento com o auxílio do regulamento disponível" (ADORNO, 2009, p. 257).

Vemos que Adorno parece assumir a mesma concepção de Walter Benjamin ao reconhecer o direito como violência e poder. Disso decorre o caráter utilitário do direito por parte da classe que domina os meios de produção e, necessariamente, a política. O Estado se desenvolve, originalmente, com o direito como contrapartida. Como foi exposto, as guerras a necessidade de acumulação de metais e a criação de um aparato burocrático para administrar tais bens necessita do direito para seu impulso inicial. Após o estabelecimento do Estado, o sujeito de direito, categoria jurídica nuclear, torna-se necessário para a atuação estatal.

A finalidade de um sistema de regras e princípios jurídicos dependerá do escalonamento dos valores adotados por cada ordenamento: a justiça, a legalidade, a ordenação das relações sociais, ou mesmo um misto coordenado desses (PEREIRA, 2012, p. 180). Devemos, para isso, fazer esforços para uma verdadeira tomada de consciência teleológica do direito, sob pena de nos envolvermos com ideologias que tendem a afastar nossa atenção para a relação necessária entre capitalismo e direito. Por isso a importância de identificar onde está localizado, ou seu *ethos*.

Como já dito, a importância do direito, bem como seus aparelhos de atuação – como valores, relevâncias, verdadeira *arete* – "permite o progresso, mas não sem abrir as portas para suas consequências intramundanas, a saber: poder e violência (*Gewalt*)" (BENJAMIN, 1986). O jurista preocupado e profundamente engajado com a justiça deve olhar para além do direito que se isola, como se nada mais importasse além das construções legais e principiológicas diante das alterações filosófico-econômico-sociais ocorridas no decorrer da História, em especial das especificidades do povo brasileiro. "O individualismo dos princípios gerais esquece que cada pessoa é um mundo e passa a existir em relação com outros, que todos nós estamos em comunidade" (DOUZINAS, 2010, p. 99).

O ideal de justiça deve ser perseguido para além da legalidade, isso parece claro para nós. Como diz Alysson Leandro Mascaro: "a legalidade que exalta a igualdade entre nós é, ao mesmo tempo, a chanceladora da desigualdade real". Mais à frente complementa: "A legalidade só se torna plena no capitalismo, e nele sua lógica ganha autonomia e se reproduz" (MASCARO, 2008, p. 15).

A lei é o reino da igualdade formal. Todos serão iguais quando confrontados perante ela. Mas, diante das experiências próximas, fica claro que nem todos são iguais ao homem burguês a quem são declarados direitos. Relembrando as bases já fixadas em Adorno, "o meio no qual o mal, em virtude de sua objetividade, alcança ganho de causa e conquista para si aparência do bem é em grande medida o meio da legalidade" (ADORNO, 2009, p. 257). Sobre tais "estreitos horizontes" do direito burguês, disse Marx:

> Numa fase superior da sociedade comunista, quando tiver desaparecido a escravizante subordinação dos indivíduos à divisão do trabalho e, com ela, a oposição entre o trabalho

intelectual e o trabalho manual; quando o trabalho não for apenas um meio de viver, mas se tornar ele próprio na primeira necessidade vital; quando, com o desenvolvimento múltiplo dos indivíduos, as forças produtivas tiverem também aumentado e todas as fontes da riqueza colectiva brotarem com a abundância, só então o limitado horizonte do direito burguês poderá ser definitivamente ultrapassado e a sociedade poderá escrever nas suas bandeiras: 'De cada um segundo as suas capacidades, a cada um segundo as suas necessidades!'. (MARX, 1971, p. 21)

Enquanto no direito burguês a igualdade perante a lei é o parâmetro de justiça, na sociedade comunista, ela está baseada na desigualdade como meio de equilíbrio real entre os que possuem oportunidades diferentes. A capacidade pessoal deve ser levada em consideração; a necessidade de cada um é a direção do prumo para que se possa dizer o que é o justo. Foge-se para além da legalidade, porque ela é estreita. Busca-se, nessa fase superior e concretizável, a justiça aos que necessitam, não a igualdade formal que somente tende à injustiça contra o não idêntico,[4] uma utopia concreta.

Prosseguindo numa crítica à concepção idealista de Hegel a respeito do direito e do Estado, a qual afasta a vinculação necessária entre os dois, Adorno prossegue em sua visão sobre o direito na *Dialética negativa*:

> O direito é o fenômeno primordial de uma racionalidade irracional. Nele, o princípio formal da equivalência transforma-se em norma e insere todos os homens sob o mesmo molde. Uma tal igualdade, na qual perecem as diferenças, favorece sub-repticiamente a desigualdade; um mito que sobrevive em meio a uma humanidade que

---

[4] Para mais uma vez lembrar o ensaio de Walter Benjamin: "A institucionalização do direito é institucionalização do poder e, nesse sentido, um ato de manifestação imediata da violência. A justiça é o princípio de toda instituição divina de fins, o poder (*Macht*) é o princípio de toda institucionalização mítica do direito" (BENJAMIN, 1986, p. 172).

só aparentemente é desmitologizada. As normas jurídicas excluem o que não é coberto por elas, toda experiência não pré-formada do específico em virtude da sistemática sem quebras, e elevam então a racionalidade instrumental a uma segunda realidade *sui generis*. (ADORNO, 2009, p. 257)

Como pode a racionalidade ser irracional? A razão teve um longo caminho de desenvolvimento histórico desde a tentativa de Ulisses de fugir de Polifemo, nascimento da ordenação da razão com o fim de um objetivo, ainda que estivesse imperfeita naquele momento. Com o Iluminismo e sua tentativa de superação do mito, o capitalismo teve um ganho de qualidade com a filosofia conservadora que o sustenta:

> A produção de bens, o domínio da natureza, a tecnificação das relações sociais, tudo isso é o esteio no qual se assentam as bases do capitalismo na produção e no comércio. A racionalidade do burguês é essencialmente técnica: calcula ganhos e perdas, riscos e segurança, inovação tecnológica, disciplina e custo do trabalho, inovação de materiais etc. O capitalismo é uma forma de racionalidade que rompe com o passado, artesanal e menos contabilista. (MASCARO, 2010, p. 508)

Adorno dirá: "A classe burguesa alia-se à ciência, na medida em que a ciência fomenta a produção" (ADORNO, 2009, p. 181). Relembramos, Adorno e Horkheimer ao comentarem sobre a força da razão instrumental que permeia a modernidade e os instrumentos de dominação do capitalismo:

> O processo técnico, no qual o sujeito se coisificou após sua eliminação da consciência, está livre da plurivocacidade do pensamento mítico bem como de toda significação em geral, porque a própria razão se tornou um mero adminículo da aparelhagem econômica que a tudo engloba. Ela é usada como um instrumento universal servindo para a

fabricação de todos os demais instrumentos. Rigidamente funcionalizada, ela é tão fatal quanto a manipulação calculada com exatidão na produção material e cujos resultados para os homens escapam a todo cálculo. Cumpriu-se afinal sua velha ambição de ser um órgão puro dos fins. (ADORNO; HORHEIMER, 2006, p. 37)

Nesse sentido, o direito e a técnica jurídica, em muito devedores ao racionalismo, tem como objetivo a ordenação das relações sociais: Isso é ensinado em todos os cursos de ciências jurídicas do país, ao menos nos conservadores. O direito teria como finalidade a promoção da justiça: esse é o ideal perseguido por todos os juristas, mas não sem uma proteção ideológica que torna o direito, na era do positivismo ético, o baluarte da justiça de atos e normas. "Mas isso se trata, quase sempre, apenas de uma expressão retórica que serve de referência à argumentação prática dos operadores do direito" (MASCARO, 2007, p. 229).

Essa relação de "mediação universal de cada ente com cada ente" (ADORNO; HORKHEIMER, 2006, p. 24), promove a forçada igualdade formal entre as pessoas, independentemente de sua origem. Há um preço alto pago pela "indiferença do mercado pela origem das pessoas que nele vem trocar suas mercadorias": trata-se da morte das possibilidades existentes em cada indivíduo enquanto ser autônomo que desenvolve tais potencialidades na sociedade (ADORNO; HORKHEIMER, 2006, p. 24). O perecimento das diferenças impede a realização de uma verdadeira justiça que leve em consideração as necessidades de cada qual, segundo suas possibilidades.

> Antes, os fetiches estavam sob a lei da igualdade. Agora, a própria igualdade torna-se fetiche. A venda sobre os olhos da Justiça não significa apenas que não se deve interferir no direito, mas que ele não nasceu da liberdade. (ADORNO; HORKHEIMER, 2006, p. 27)

Nono de Panápolis, autor da *Dionysiaca*, catalogou o mito do rapto de Perséfone ao mundo dos mortos por Hades que, apaixonado por sua beleza, não se conteve com a negativa de casamento por parte da mãe da jovem, a deusa Deméter. Em acordo com Zeus, o deus do mundo subterrâneo, após o ardil de consumar o casamento ao dar à raptada sementes de romã, permite que ela retorne a sua mãe por seis meses, durante o ano. No tempo restante, passaria com ele como rainha do mundo dos mortos, metamorfoseada numa figura sombria.

Na Antiguidade, os meses em que Perséfone passava com sua mãe simbolizavam a possibilidade de plantação e colheita. Divindade da agricultura, a menina Perséfone permitia, em sua estadia no Olimpo, a subsistência do povo. "Agora Júpiter, intervindo entre seu irmão e sua irmã de luto, divide o ano de forma igual. E agora, a deusa Perséfone, divindade compartilhada entre dois reinos, passa tantos meses com sua mãe, e tantos meses com seu marido", dirá Ovídio nas *Metamorfoses*, Livro V, versos 533 a 571.

Como meio de celebração, os gregos realizavam sacrifícios no início da estação de frio, como forma de apaziguar o medo por meio da repetição. Devido a um ato do passado, os gregos realizavam, de forma contínua e mecânica, o rito de sacrifícios. "Ele se repetia em cada outono, e mesmo a repetição não era uma sequência de ocorrências separadas, mas a mesma cada vez" (ADORNO; HORKHEIMER, 2006, p. 34).

Dessa forma, visualiza-se nesse protótipo grego do homem da modernidade a tendência formal e repetitiva do pensamento esclarecido. Sua marca: a reprodutibilidade. Sua tragédia: o embotamento do espírito crítico.

O que falar do pensamento jurídico como forma esclarecida – e técnica – do pensamento capitalista? Já se disse que a forma jurídica equivale à forma econômica, com Pachukanis.

Mas como isso é demonstrado na produção da literatura jurídica? Tendo como espelho a produção nacional, o ensino jurídico – que se reflete na produção da literatura e das decisões judiciais – tem formado cada vez mais técnicos que o são apenas dentro da técnica. A retomada da moral e da ética ao direito promovida pelo juspositivismo ético não permite uma real revolução contra a desigualdade social.

O direito, como "instrumento da dominação destinado a dominar todos, deve se deixar alcançar por todos" (ADORNO; HORKHEIMER, 2006, p. 42). O ritual mítico da reprodução ao qual o direito ainda está preso – indo mais além, ao qual sempre estará preso – tem como função a autopreservação para a salvação da morte. "O automatismo ou a repetição do ritual é *phármakon* que faz 'esquecer' o horror e o medo da morte violenta da vida em comum dos homens" (MATOS, 2010a, p. 85).

Prender-se ao binômio legalidade-ilegalidade, promovido pelo juspositivismo, será incluir a promoção de justiça social dentro daquele mesmo binômio violência-poder. O direito – e as instituições jurídicas, aproveitando o argumento de Benjamin e Adorno, quando trabalham a *Gewalt* – é instituído como forma de aplicação da violência/poder sobre os movimentos que tendem a diminuir sua legitimidade. Não aceita a criação de outro direito que lhe faça às vezes. Regras ou princípios serão sempre formas de imposição de violência/poder. Nesse aspecto é sintomática a luta que se trava no campo jurídico pela instituição de políticas afirmativas que, trabalhando com a desigualdade como dado, tentam promover a reestruturação social por meio do apoio aos mais necessitados: a desigualdade como base de justiça. É o caso das cotas para negros em universidades brasileiras.

A reprodução da norma pelo pensamento jurídico não tem qualquer ideal emancipatório. Permite o apaziguamento do medo da desordem rumo ao progresso. Sua função ideológica é o de louvar o sistema que instiga os desejos sem permitir as condições de realização. Os sacrifícios ao capital prendem os juristas ao mesmo medo que tentam esquecer. Essa ideologia – sim, como dissemos, o direito é também ideológico – não emancipa, mas permite as condições da continuidade da menoridade.

2.5. Direitos humanos

Os direitos humanos protegem a vida e possibilitam a atuação do sujeito revolucionário, que não se contenta com a conservação das injustiças, que vai além do estreito horizonte da legalidade. Ocorre que o discurso promovido por uma filosofia dos direitos humanos não reconhece que a própria persistência do capitalismo já se transforma em violação da existência humana. Vale lembrar: "É defendendo os direitos do indivíduo que os proprietários do capital do mundo dormem tranquilos, sem medo do saque ou da divisão compulsória do que é seu com os pobres" (MASCARO, 2017, p. 110). Assim, uma tradição marxista reconhece a atuação ideológica dos direitos humanos, a qual possui a tendência de afastar os olhos para as relações de produção de exploração capitalista, mas os trata como estratégia, não como fim em si mesmo.

Originados das revoluções liberais, os direitos humanos estiveram umbilicalmente ligados ao domínio do poder pela burguesia, em detrimento do Estado absolutista. Parafraseando as palavras de Adorno em sua crítica ao discurso de paz, durante a Guerra Fria, "no mundo em que a ideias são como nunca antes entrelaçadas com objetivos obscuros, não é suficiente falar em [direitos humanos]", mas sim perguntar-nos quem desenvolve tal discurso, em nome de quem e com qual finalidade (ADORNO, 2010, p. 394).

As revoluções liberais do século XVIII representaram, politicamente, uma virada copernicana na leitura do mundo. Isso já é senso comum. Cabe-nos deixar claro o papel das declarações de direitos dos homens, ou de direitos humanos, na formação do ideal do homem moderno e contemporâneo. Sem embargos, Michel Villey fala claramente que "os direitos humanos são um produto da época moderna".[5] A Declaração dos Direitos do Homem e do Cidadão de 1789 (DDHC) teve papel decisivo ao dividir *o homem*, com seus direitos e proteções, do *cidadão*, ente político com deveres necessários com o espaço público político.

Marx destaca claramente, ainda que preso à forma jurídica na filosofia da juventude, embora já se preparando para o voo do comunismo, que a "outra parte dos direitos humanos, os *droits de l'homme* [direitos do homem], na medida em que são distintos dos *droits Du citoyen* [direitos do cidadão]" (MARX, 2010, p. 47). Mais à frente, continua uma série de questionamentos com o fim de entender porque esse sujeito é chamado de *homem* e quem é esse *homem*. O esclarecimento (*Aufklärung*) como projeto de encaminhamento do homem à sua maturidade (KANT), também chamada emancipação política, teve como objetivo levar o indivíduo burguês ao centro do conhecimento, "mônada isolada recolhida dentro de si mesma" (MARX, 2010, p. 49). O homem burguês se apropriou dos instrumentos da época das revoluções para a construção do ideal humano individualista, com o fim e proteger, unicamente, as relações de produção que se erguiam.

Igualdade, liberdade, segurança e propriedade privada (DDHC de 1793, Artigo 2º - *Ces droits sont l'égalité, la liberté, la sûreté, la propriété*): eis os direitos do homem da sociedade burguesa, segundo demonstrado por Marx por meio da leitura dos textos das Cartas de Declaração de Direitos Humanos.

---

5 "On en comprendra mieux les causes, si je me risqué à de hâtives considérations d'histoire générale. Les droits de l'homme sont un produit de l'époque moderne. L'idéalisme qui fut le prope de la philosophie moderne, et dont il n'est pas assuré que nous soyons guéris, érige à la place de Dieu cette grande idole: le Progrès – qui doit assurer les jouissances et Le bonheur de tous, mythe très cultivé au temps des Lumières; fin de la politique moderne." (VILLEY, 1990, p. 8).

A igualdade permitiria, quando garantida, o tratamento legal idêntico a todos, independentemente das condições materiais que os diferenciasse; a liberdade permite que o ser humano aja, apenas, diante dos limites impostos pela existência do outro, não podendo prejudicar sua esfera de bens; a segurança consiste no poder de polícia que protege os direitos, a vida do sujeito e suas propriedades; a propriedade privada, por fim, separa, exclui, limita o terceiro, garantindo ao mesmo tempo a utilização do bem segundo sua própria vontade e para seu próprio bem.

Para lembrar mais uma vez Marx, "a revolução política é a revolução da sociedade burguesa" (MARX, 2010, p. 51). Serviu como destronamento dos privilégios da nobreza, dos estamentos que não concediam o poder, em que pese a burguesia detivesse o controle de bens; das corporações de ofício e a relação suserana com a terra. Não era esse o objetivo da burguesia. Seus estreitos limites de horizonte, refletido no pensamento jurídico, forçou--nos a apoiar a criação de massas que aspiram a mesma ascensão social. Sobre o ataque de Marx aos direitos humanos enquanto direitos do homem burguês, comenta Costas Douzinas:

> O ataque de Marx aos direitos naturais inaugurou as várias vertentes da 'crítica à ideologia'. Primeiro, igualdade e liberdade são ficções ideológicas que emanam do Estado e sustentam uma sociedade de desigualdade, opressão e exploração. Enquanto os direitos naturais (e, hoje, os direitos humanos) são tidos como símbolos da humanidade universal, eles foram ao mesmo tempo armas poderosas nas mãos de particulares (burguesia).[6]

---

6   No original: "Marx's attack on natural rights inaugurated the various strands of 'ideology critique'. First, equality and liberty are ideological fictions emanating from the state and sustaining a society of inequality, oppression and exploitation. While natural rights (and today human rights) are hailed as symbols of universal humanity, they were at the same time powerful weapons in the hands of the particular (bourgeoisie) [...]" (DOUZINAS, 2010, p. 83).

Esse é homem para quem se dirige o direito e, por consequência, os direitos humanos, o real sujeito: "um humano-demasiado-humano, rico, branco, heterossexual, posição burguesa masculina para a humanidade universal que combina a dignidade humana com os privilégios da elite".[7]

Direitos humanos divulgados para a proteção da pessoa humana possuem, estruturalmente, uma face de Jano: para o passado e para o futuro, para o bem e para o mal. A proteção da vida é indispensável, mas não a custo de tirar a própria vida com a manutenção das relações de produção capitalistas. "Os direitos do homem eram a ideologia predominante da revolução" (DOUZINAS, 2009, p. 170).

Os direitos humanos são concedidos ou conquistados, garantidos ou declarados, sempre como objetivo de superação da opressão. Isso é possível, apenas se mantivermos os olhos para um contraditório capitalismo humanista. Como já dissemos, contraditório, pois o homem vira cifra, perde sua característica de especificidade ética diante do poder do capital. O ser humano só importa ao capital enquanto força produtiva, enquanto outra ponta de um contrato de trabalho que mantém a dominação.[8]

"O trabalhador assalariado surge no mercado como um livre vendedor da sua da sua força de trabalho porque a relação capitalista de exploração é mediada pela forma jurídica do contrato" (PACHUKANIS, 2017, p. 118). O Estado

---

7 No original: "A human-all-too-human, wealthy, white, heterosexual, male bourgeois standing in for universal humanity who combines the dignity of humanity with the privileges of the elite" (DOUZINAS, 2010, p. 83).

8 "Os direitos humanos, sendo um núcleo específico dos direitos subjetivos, são considerados, louvados e reputados como aqueles que promovem determinado padrão político e social de dignidade; essencialmente, porém, garantem as estruturas político-jurídicas necessárias à dinâmica de reprodução do próprio modo de produção capitalista. Assim, por mais variáveis que tenham sido suas origens em termos de luta, interesses, bandeiras e dísticos, os direitos humanos são, no campo jurídico, a forma da reprodução da exploração de um mundo cada vez mais pleno de mercadorias, dentre as quais a mais importante – e mais simbólica pelo seu grau de contradição e indignidade – é o trabalho" (MASCARO, 2017, p. 123).

protege direitos humanos ao mesmo tempo em que sobrevive da forma mercantil. De uma única vez atingem os dois lados. "O Estado jurídico é uma miragem, mas uma miragem totalmente conveniente para a burguesia, pois substitui a ideologia religiosa em decomposição e esconde das massas o domínio da burguesia" (PACHUKANIS, 2017, p. 148).

O capitalismo só poderá ser humanista se a expressão for utilizada como uma filosofia que coloque o sujeito individualista, para muitos, o homem, como centro do pensamento: humanismo próprio do subjetivismo jurídico; mas não como se pretende nos apresentar, isto é, um capitalismo preocupado com a existência e reprodutibilidade da vida. O ser humano é transformado em cifras, pois somente servirá para o sistema que rege as relações de produção enquanto mercadoria. Para que haja a formação de sujeitos de direito, necessariamente estes devem ser iguais, ainda que unicamente na forma. São iguais e livres para contratar, submeter-se aos salários, ou seja, manter o capital, este entendido como relação social.

Diferentemente da utopia que reside, inevitavelmente, em sonhos noturnos, isto é, abstrata, Ernst Bloch, filósofo que, juntamente com o Lukács da *História e consciência de Classes* e Walter Benjamin, tramitou entre o romantismo, o messianismo e o marxismo, encontrou na utopia concreta, o sonho diurno, a força necessária para superar um mundo cansado das experiências que não deram certo. Há concretude entre direitos humanos realizáveis como promoção de real justiça além da legalidade:

> Embora a lei do Estado, que apoia a opressão e a dominação, não tenha lugar na sociedade do futuro, os direitos humanos ficarão no coração do socialismo e assegurarão que o 'patos do indivíduo livre pareça como um alerta contra qualquer confusão ou mistura da coletividade

com a multidão ou caráter de multidão. (DOUZINAS, 2009, p. 191)

Conforme diz Alysson Leandro Mascaro:

> A proposta de Bloch quanto à utopia é bastante diversa. Sua premissa é uma reflexão partida da realidade e de suas contradições, buscando perceber as latências e as possibilidades efetivas. Assim sendo, há de separar aquela utopia abstrata, idealizada, da utopia concreta, que está ligada à situação real da história e de suas contradições e que, por não apostar na projeção ou na idealização, vincular-se-á à atividade humana, à práxis orientada pelo futuro. (MASCARO, 2008, p. 114)

Nesse sentido, cabe lembrar que Adorno e Horkheimer não se sentiam confortáveis com os direitos humanos na sociedade de classes. Não verdadeira eficácia em sua aplicação, pois o capital continua exercendo dominação, sendo os direitos humanos mera mentira, crítica que, ainda, é insipiente:

> O liberalismo havia concedido a posse aos judeus, mas não o mando. O sentido dos direitos humanos era prometer a felicidade mesmo na ausência de qualquer tipo de poder. Como as massas enganadas pressentem essa promessa, na medida em que é universal, permanecerá uma mentira enquanto houver classes, sua fúria se vê excitada; pois se sentem escarnecidas. (ADORNO; HORKHEIMER, 2006, p. 142)

Os direitos humanos, proteção política à dignidade da humanidade enquanto fruto da época das luzes, tira de foco o primordial das relações sociais: em Estado de normalidade, o próprio neoliberalismo já é violação de direitos humanos. O contrassenso fica claro quando se observa que é no Estado de normalidade que as normas jurídicas excluem da maioria a possibilidade de existência digna.

Como vimos, a forma jurídica, ao equivaler à forma mercantil, tem como finalidade a reprodução dos meios de capitalistas de produção, fora disso, o ser humano serve apenas enquanto cifra.

Seria um engano cair na própria mentira criada pelo direito enquanto parte dos aparelhos ideológicos de Estado. O direito que não emancipa, esse é o que mantém as relações de produção como estão. A sociedade de classes não é capaz de construir uma efetiva proteção ao ser humano, considerado individual ou coletivamente, devido à própria existência das classes. Na sociabilidade da periferia do capitalismo, isso fica ainda mais claro quando lembramos que há persistência da opressão do capital sobre o trabalhador, reduzindo os meios de reprodução de sua subsistência; o Estado que comete terrorismo, como no caso brasileiro com o genocídio da juventude negra; ou mesmo a persistência de uma estrutura patriarcal de feminicídio, homofobia e transfobia, transformando a região na mais intolerante em números concretos.

As pessoas continuam sendo escarnecidas pelo capitalismo e pelos que deles sobrevivem. Dirá Benjamin: "'Pobreza não é desonra'. Muito bem. No entanto desonram os pobres. Fazem isso e os consolam com o provérbio" (BENJAMIN, 2000, p. 22).

Essa posição crítica aos direitos humanos reside na própria crítica da legalidade. "Os direitos humanos encontram um lugar desconfortável no texto da lei, nacional ou internacional", pois, quando são assimilados pelo ordenamento positivo, "compartilham o intento de sujeitar a sociedade a uma lógica única e dominante, que necessariamente viola a demanda de justiça. Mas, ao mesmo tempo, eles representam a promessa de uma justiça sempre ainda por vir" (DOUZINAS, 2009, p. 373), essa baseada no reconhecimento do Outro, no olhar e proteção do não idêntico.

***

Adorno construiu golpes certeiros à forma de encarar o direito, a forma jurídica, bem como a concessão de direitos humanos que, somadas à tradição marxista, contribuem para a análise do direito enquanto instrumento de dominação na sociedade total administrada.

Enquanto instrumento de estabilização e afirmação do poder do Estado, o direito atua a partir da filosofia da identidade construída na modernidade. "Nesse quadro, a crítica da totalidade é a relação entre o Estado e o direito de modo mais geral no princípio da identidade real (troca)".[9]

Ocorre que há reflexões mais profundas, conforme visto no primeiro capítulo, que denunciam o direito não apenas como ideologia, mas apontam a forma jurídica como equivalente da forma mercantil. Diante da necessária relação da teoria do direito com a teoria do Estado, a filosofia de Adorno permite, ainda, estabelecer uma sólida e criativa visão que refletirá no estudo da cidadania. Porém, tal filosofia adorniana do Estado não fica intacta a críticas, conforme será visto a seguir.

---

9 Do original, destacamos: "Die Wirklichkeit des Staates und dessen Begriff haben vor des gesellschaftlich Ganzen keinen unabhängigen ontologischen Status. Im Rahmen der Kritik des Totalitätszusammenhanges ist das Verhältnis von Staat und Recht in das allgemeinere von realem Identitätsprinzip (Tausch) und Recht aufgehoben. Das bedeutet, daß im Gegensatz zur klassischen Rechtsphilosophie die Recht begründende, begrenzende und legitimierende Funktion des Staates aufgehoben ist Identitätsprinzips. Eine allerdings representative Erscheinungsweise dieses Prinzips ist der Staat selber" (BECKER, 1997, p. 115).

3
A IMBRICAÇÃO ENTRE FILOSOFIA DO DIREITO E FILOSOFIA POLÍTICA EM ADORNO

Essa justiça que vela meu sono, eu a repudio, humilhada por precisar dela. Enquanto isso durmo e falsamente me salvo. Nós, os sonsos essenciais. (Clarice Lispector, Mineirinho)

"Hoje, a política se degenerou em mera fachada" (ADORNO, 2010f, p. 394). Adorno observou que o pensamento político por excelência caiu, pelo que observava no conflito leste-oeste, em mero jogo de discursos. Era notória a separação – e, por isso, alienação – entre a prática política de busca de paz e os objetivos obscuros. Durante o século XX, criou-se a imagem de busca da paz e de promoção de políticas que permitissem a felicidade social já imaginada por Marx. No real, promoviam-se corridas armamentistas, proteção de torturadores, barbárie cultural, *pogroms* e campos de concentração, gastos com a guerra. "Em um mundo em que as ideias são como nunca antes entrelaçadas com objetivos obscuros, não é suficiente falar de paz. Devem-se perguntar quem fala de paz, em nome de quem e com que finalidade" (ADORNO, 2010f, p. 394).

Alguns temas da política são recorrentes na obra de Adorno desde a fundação do Instituto de Pesquisa Social. Aliás, diante do cenário político mundial que presenciou, como nunca, o acirramento da Questão Judaica, a Solução Final de minorias, governos autoritários que se levantaram do Leste (estalinismo) ou Oeste (fascismo, nazismo), a incapacidade de identificação dos indivíduos entre si e consigo mesmo, o apoio popular ao mal banal, a sociedade de massas etc., "os trabalhos de Adorno procuram responder às questões: 'O que aconteceu? Por que aconteceu? Como foi possível?'" (MATOS, 1999a, p. D13). Em outras palavras, pode-se dizer que traça uma seta em direção inversa às experiências do século XX, caminhando genealogicamente para compreender as consequências políticas do Estado que domina e aliena; bem como a apatia da sociedade total administrada.

3.1. O indivíduo e o Estado

"A vida humana é, essencialmente, e não por mera causalidade, convivência" (ADORNO, 1973b, p. 47). Nestes termos Adorno apresenta uma concepção de vida humana que se alia à *biòs politikòs* já descrita por Aristóteles. Entender o conceito de indivíduo em seu desenvolvimento histórico-filosófico é importante apara compreender sua degeneração nos tempos sombrios que Adorno vivenciou e sobre os quais teorizou. A sociedade industrial, que não se separa do radicalismo necessário ao capitalismo, surtiu grande influência no indivíduo, gerando uma profunda queda ao individualismo, essa característica que separou os seres humanos entre si, bem como deles internamente. "O preço da dominação não é meramente a alienação dos homens com relação aos objetos dominados; com a coisificação do espírito, as próprias relações dos homens foram enfeitiçadas, inclusive as relações de cada indivíduo consigo mesmo" (ADORNO; HORKHEIMER, 2006, p. 35).

Adorno consegue descrever a queda do conceito e da natureza original do indivíduo ao individualismo, bem como relacioná-lo com a convivência social e política. Afinal de contas, não ler o passado com os olhos do presente é a primeira lei para se fazer história da filosofia. Neste passo, "o conceito grego de indivíduo, que sem dúvida é muito diferente do conceito moderno, não pode se entender independentemente da forma da Cidade-Estado antiga".[1]

De Boécio e seu *atomon* materialista, como destaca Adorno, surge o indivíduo numa função puramente lógica, sem qualquer ligação com o ser humano. Trata-se do elemento indiviso que compõe tudo o que existe. Relembra, ainda, a aplicação feita do termo por Boécio, para quem esse que não pode mais ser dividido, por isso indivíduo, se aplica de diversas maneiras, a diversas substâncias. "Esta predicação, que explora o singular e o particular, converter-se-á, com Duns Escoto, nos primórdios da Grande Escolástica" (ADORNO, 1973b, p. 46) e, encontrando-se com Leibniz, desembocará na modernidade com o conceito de mônadas. A monadologia, conforme aplicado por Adorno, coube perfeitamente no sentido que o liberalismo quis dar ao Indivíduo: algo absoluto, um ser em si, cujas modificações não se referem a uma causalidade externa, mas de acordo com um princípio interno.

Para Aristóteles e Platão, o ser humano é um ser com uma natureza social que somente é plenamente realizada quando inserida na *polis* grega. Nesse mundo, havia uma congruência entre a vontade individual e a coletiva. Como diz Adorno, "a

---

[1] Na tradução para o espanhol: "El concepto griego del individuo, que sin duda es muy distinto del concepto moderno, no se puede entender independientemente de la forma de la ciudad-Estado antigua" (ADORNO, 2010e, p. 289).

polis constitui, no tocante à natureza do homem, um *a priori*, o dado fundamental que possibilita a própria existência do ser humano" (ADORNO, 1973b, p. 49). "Só em sociedade ele é capaz de desenvolver toda sua potencialidade natural" (ADORNO, 1973b, p. 49).

A partir desse ponto, Adorno passa, ainda, por: (i) Kant, que pouco interesse demonstrou pela mediação necessária entre sociedade e indivíduo; (ii) Hegel, para quem o "ser-para-si do singular" (ADORNO, 1973b, p. 50) representaria um momento de transição de iminente superação; (iii) Augusto Comte, que inclinou a sociologia para o primado da sociedade, tornando o ser humano como ser subalterno; (iv) Marx, que realça a importância do reconhecimento do indivíduo *em relação a*, sem o que não haveria o autoconhecimento: "De certo modo, ocorre com o homem o mesmo que com a mercadoria. Como ele não vem ao mundo nem com um espelho, nem como filósofo fichtiano – Eu sou Eu –, o homem espelha-se primeiramente num outro homem" (MARX, 2013, p. 129, nota 18).

O que devemos reter é que indivíduo e sociedade mantêm, necessariamente, uma tensão dialética. "Ele não tem conteúdo algum que não seja socialmente constituído, nenhum impulso que transcenda a sociedade que não seja dirigido a levar adiante a condição da sociedade" (ADORNO, 2008b, p. 146). Conforme insiste Adorno, não há como deixar de lado o fato de que "a sociedade sempre é composta por indivíduos e que, sem os indivíduos de que se compõe e entre os quais se faz valer essa relação, o conceito de sociedade seria sem sentido e absurdo" (ADORNO, 2008a, p. 118). Mais adianta complementa:

> Portanto, não há indivíduos no sentido social do termo, ou seja, homens aptos à possibilidade de existir e existentes como pessoas, dotados de exigências próprias e, sobretudo, atuantes no trabalho, a não ser com referência à sociedade

em que vivem e que forma os indivíduos em seu âmago. Por outro lado, também não há sociedade sem que seu próprio conceito seja mediado pelos indivíduos, pois o processo pelo qual ela se preserva é, afinal, o processo de vida, o processo de trabalho, o processo de produção e reprodução que se conserva mediante os indivíduos isolados, socializados na sociedade. (ADORNO. 2008a, p. 119-120)

A perda da consciência do coletivo, a degeneração do próprio indivíduo em sua relação com os demais, bem como sua autorreflexão crítica (expressão cara para Adorno), significa, propriamente, o surgimento do individualismo. "O indivíduo foi perdendo sua relação com aqueles assuntos públicos cuja finalidade essencial era procurar a felicidade individual".[2] Como dizem Isilda Palangana e Lucélia Inumar: "Constata-se que, a experiência formativa, da qual fala Adorno (1971/1995), vai sendo minada pela forma como se organiza e se realiza o trabalho. Com ela desaparece a capacidade de reflexão, de análise, o *locus* privilegiado de individualização" (PALANGANA; INUMAR, 2011, p. 27). A perda da experiência redundará no primado do indivíduo decaído ao individualismo.

O caráter de indiviso, como mônada que se diferencia dos demais, é retomado com uma acepção ainda mais individualista com o Iluminismo, coincidindo com a política econômica do capitalismo. Sua forma passa a ser mediada pelo mercado de livre circulação de mercadorias, "no qual se encontram sujeitos econômicos livres e independentes" (ADORNO, 1973b, p. 53). Quanto mais se enterra a alteridade, o autorreconhecimento do indivíduo como ator importante no cenário político e social, tanto mais cresce o individualismo. "O ser humano particular deixa de ser sujeito humano livre e torna-se produtor

---

[2] Na tradução para o espanhol: "El individuo fue perdiendo su relación con aquellos asuntos públicos cuya finalidad esencial era procurar la felicidad individual" (ADORNO, 2010e, p. 288).

e consumidor, vivendo em função de uma falsidade – que é simulada e não real" (TIBURI, 2005, p. 127), permitida pelo próprio sistema capitalista.

> Pois a cultura contemporânea confere a tudo um ar de semelhança [...]. Mas os projetos de urbanização que, em pequenos apartamentos higiênicos, destinam-se a perpetuar o indivíduo como se ele fosse independente, submetem-no ainda mais profundamente a seu adversário, o poder absoluto do capital. (ADORNO; HORKHEIMER, 2006, p. 99)

Nessa tensão dialética desenvolvida historicamente, conforme aponta Alexandre Lara de Moraes, a dissolução do indivíduo no capitalismo se deu "objetivamente pela onipotência dos grandes grupos econômicos e subjetivamente pela indústria cultural e pela semiformação" (MORAES, 2006, p. 128): é necessário, assim, "entender a relação do indivíduo com a dinâmica social que pretende sua liquidação. Segundo Adorno, o indivíduo deve ser visto como parte integrante de sua própria liquidação" (MORAES, 2006, p. 129).

Identificamos, na vasta obra do filósofo, três consequências diretas dessa dinâmica de crescimento do individualismo: primeiro, o enfraquecimento da relação política entre o indivíduo e o Estado; segundo, a suscetibilidade da total administração do indivíduo pela indústria cultural; e terceiro, a perda de horizontes de uma sociedade justa. Explica-se a visão de Adorno sobre cada uma delas.

A primeira delas: "O individualismo dominou toda a teoria liberal do Estado" (ADORNO, 2010e, p. 287). Como vimos, na Antiguidade o ser humano que participava ativamente na vida política da *polis* tinha em mente que sua felicidade individual dependia necessariamente dos rumos da cidade. Nesse aspecto, o cidadão, segundo Adorno, submetia-se voluntariamente aos desígnios de déspotas e ditadores em função de benefícios, ainda que precários.³ Com o progresso e o aumento do individualismo, o indivíduo passa a desacreditar na participação política, culminando com a clara separação no título da *Declaração dos direitos do homem e do cidadão*: aquele que possui os direitos civis não é confundido com este que possui os deveres para com a vida a pública. Surge um grave paradoxo nessa relação entre Indivíduo e Estado: quanto menos obstáculos o indivíduo encontrar nessa busca por seus próprios interesses egoístas, tanto mais perde de vista uma forma de organização social em que tais interesses estão protegidos (ADORNO, 2010e, p. 288).

Segundo Adorno, os indivíduos perderam seu autorreconhecimento enquanto sujeitos da história, seja pela ideologia que enfraquece esse reconhecimento, seja pelo teatro criado pelo Estado. Um indivíduo em relação a outro, na sociedade industrial, torna-se igual, "é o absolutamente substituível, o puro nada" (ADORNO; HORKHEIMER, 2006, p. 120), peças de um sistema. "A socialização gera o potencial da sua própria destruição, não só na esfera objetiva, mas também na subjetiva" (ADORNO, 1973e, p. 41): infantilidade na política e, diminuição no engajamento de questões relevantes. Somente o desvelamento dessa ideologia é capaz de trazer luz para a retomada do caminho do indivíduo.

O conceito de indivíduo está associado, pelo menos desde a modernidade, à capacidade de autoconsciência, de autodeterminação e de auto-expressão dos seres humanos

---

3 Rousseau, citado por Adorno, ao investigar a natureza humana por meio do método arqueológico e negativo, reconheceu que o ser humano tem adquirido características que o tornam cada vez mais distante da liberdade natural, ou seja, do amor de si e da piedade natural: as normas, a propriedade privada, as leis e os Governos para garantir essas últimas teriam criado, primeiramente, a desigualdade econômica e, por consequência, a desigualdade política que dominaria o bom selvagem em favor do direito civil da propriedade (ROUSSEAU, 1991, p. 265).

enquanto membros da sociedade. Trata-se de capacidades adquiridas graças à mediação social, mas também à tensão e à resistência frente a ela.⁴

Percebe-se, então, que o conceito de indivíduo em Adorno ultrapassa o sentido monadológico burguês. A melancolia própria de Adorno permite que ele olhe para o passado como meio de resgatar o perdido na História, pois não se reconhecia na constituição política do presente (uma sociedade, se não fascista, à beira da fascistização) a possibilidade de emancipação. Diferentemente dos reacionários saudosistas e que pretendem o retorno ao passado, apagando os ganhos e conquistas, Adorno vê que o indivíduo foi desgastado pelas relações de produção voltadas ao mercado, que se importa unicamente com o individualismo, o sujeito de direito.

"É só porque os indivíduos não são mais indivíduos, mas sim meras encruzilhadas das tendências do universal, que é possível reintegrá-los nas tendências do universal" (ADORNO; HORKHEIMER, 2006, p. 128). Dissociado da cena política, ele se tornou, apenas, produto da estrutura econômico-social em que está inserido. Aqui cabe uma ressalva à crítica de Zygmunt Bauman, para quem Adorno e a teoria crítica reforçariam o individualismo. Assim comenta:

> A tarefa da teoria crítica foi invertida. Essa tarefa costumava ser a defesa da autonomia privada contra as tropas avançadas da "esfera pública", soçobrando sob o domínio opressivo do Estado onipotente e impessoal e de seus muitos tentáculos burocráticos ou réplicas em escala menor. Hoje a tarefa é defender o evanescente domínio público, ou, antes, reequipar e repovoar o espaço público que se esvazia rapidamente devido à deserção de ambos os lados. (BAUMAN, 2001, p. 49)

---

4 No original em espanhol: "El concepto de individuo está asociado, al menos desde la modernidad, a la capacidad de autoconciencia, de autodeterminación y de autoexpresión de los seres humanos en cuanto miembros de la sociedad" (ZAMORA, 2003, p. 232).

Bauman parece equivocado, pois Adorno se propôs a apresentar a necessidade de um indivíduo que, reconhecendo-se como parte da relação social e política em que inserido, participa ativamente porque sabe que sua própria felicidade depende do coletivo. Esse indivíduo imerso, não apenas no domínio do Estado opressor, mas também sob o capital e, portanto, decaído, não encontra mais entraves na busca da realização de seus interesses pessoais, perdendo de vista "uma forma social na qual esses interesses estejam protegidos" (ADORNO, 2010e, p. 288). A indústria cultural maltrata com crueldade a individualidade, "porque nela sempre se reproduziu a fragilidade da sociedade" (ADORNO; HORKHEIMER, 2006, p. 129).

A segunda: "A administração exclui em grande medida, por sua própria essência, a arbitrariedade individual em benefício de um processo objetivamente regulado".[5] Adorno parte do pressuposto que falar de cultura é falar, inevitavelmente, de administração, a qual, olhando de cima para toda a sociedade, tem condições dela tratar como um departamento de Estado, acumulando, repartindo, organizando etc., embora este mesmo esteja sob seus olhares.

A cultura, em contrapartida, seria a "manifestação da essência humana mais pura, sem consideração das unidades funcionais da sociedade" (ADORNO, 1971, p. 70). Num mundo dominado pela propaganda oriunda dos grandes monopólios, o sujeito fica suscetível à vontade dos grandes empresários. Meu desejo, sendo o desejo do outro, será facilmente moldado para a perda da autorreflexão crítica, a autonomia. Para tanto a indústria cultural se toma o trabalho de exibir os objetos de desejo, sem nos dar as condições de adquiri-los. Diz Sílvio César

---

5   Na tradução para o espanhol: "Y del mismo modo que, según la tesis de Max Weber, la administración excluye en gran medida, por su propia esencia, la arbitrariedad individual en beneficio de un proceso objetivamente regulado, en este arte está prohibida, por su propia idea, la injerencia individual" (ADORNO, 1971, p. 87).

Camargo: "A racionalidade técnica, assim como o fetichismo da mercadoria, conflui para um tipo de barbárie cultural imposta pelo capitalismo tardio" (CAMARGO, 2006, p. 46).

> Isto posto, é possível perceber que as chances de o indivíduo desenvolver-se em todos os sentidos nesta sociedade, são praticamente nulas. Os hábitos, o pensamento, as habilidades, os padrões de comportamento, os desejos etc. do indivíduo são manipulados por necessidades e interesses externos a ele, não havendo condições objetivas para que o indivíduo possa agir, pensar, criar etc., por livre e espontânea vontade, que dizer, independentemente de necessidades e critérios impostos por outrem. (PALANGANA; INUMAR, 2011, p. 27)

Como dissemos acima, esse poder absoluto do capital esmaga a autonomia e a autorreflexão crítica necessárias para a tomada de consciência de classe. A indústria cultural se tornou uma espécie de verdade total que a tudo absorve: tudo passa por seus olhos. "O mundo inteiro é forçado a passar pelo filtro da indústria cultural" (ADORNO; HORKHEIMER, 2006, p. 104).

O encontro dos bárbaros com a civilização os levou sem volta para a domesticação. Absorveram os valores e os desejos inculcados, promovendo a miscigenação cultural. Toda a rebeldia existente naturalmente nos grupos nômades foi se amansando com a sedentarização. A exposição constante à cultura, assim, conforma os ânimos. O mesmo ocorre com o ímpeto revolucionário que não se adéqua aos padrões do capitalismo.

> A cultura sempre contribuiu para domar os instintos revolucionários, e não apenas os bárbaros. A cultura industrializada faz algo a mais. Ela exercita o indivíduo no preenchimento da condição sob a qual ele não está autorizado a levar essa vida inexorável. (ADORNO; HORKHEIMER, 2006, p. 126)

A terceira consequência nos relembra o tom pessimista que embalará a *Dialética do esclarecimento* e os escritos de Adorno posteriores à Segunda Guerra Mundial. A perda dos horizontes de mudança são a morte da própria utopia. Adorno não vislumbra na forma totalitária que tomou e tende a retomar a humanidade um meio de emancipação, além da experiência estética transformadora.

O indivíduo que se fecha a seus próprios interesses, como a mônada leibniziana; que não possui espaço para peregrinação rumo ao autoconhecimento e a autocrítica, pois seu caminho já fora traçado com tinta indelével pela superestrutura social; esse mesmo indivíduo que um dia foi ser histórico, mas que hoje se vê resumido a um sujeito abstrato, sem a possibilidade da realização material efetiva de suas necessidades. Esse mesmo indivíduo necessita de solidariedade, de um olhar altruísta, mas não será do Estado que o receberá. Esse grande *Leviatã* passa por cima das necessidades individuais a pretexto de proteção da bandeira da segurança jurídica, mas que necessita dessas necessidades não supridas para que aquele mesmo indivíduo dele necessite. A superação dialética, sob esse enfoque, estaria longe de ser ultrapassada. Concluindo esse ponto, temos de tal forma o indivíduo sem sua principal constituição: a autonomia.

3.2. A questão da democracia e da cidadania

A teoria crítica da Escola de Frankfurt, como vimos, estabeleceu-se inicialmente sobre bases marxistas, tendo uma forte crítica à democracia nos anos de 1930 e início dos 1940. A emancipação diante dos quadros políticos da época se mostra inviável e o proletariado perde a confiança dos filósofos:

> A teoria crítica não teve no momento da sua constituição qualquer pretensão de se constituir em uma teoria da democracia. Ao contrário, em suas duas fases principais

nesse período (i.e., dos anos 1930) ela irá se auto-entender como uma teoria da emancipação ou como uma teoria acerca da impossibilidade da emancipação. (AVRITZER, 1999, p. 167)

Ao estabelecer sua crítica aos fundamentos do racionalismo, Adorno e demais membros do Instituto de Pesquisa Social caminham no sentido de "mostrar que a racionalidade iluminista, que se supunha a princípio emancipadora", colabora com a própria heteronomia promovida pelo Estado (AVRITZER, 1999, p. 168).

Falar em crítica marxista é, necessariamente, falar na insuficiência do modelo democrático. Remete-se, portanto, à ilustração do estado democrático como forma de mediação entre a sociedade civil e a política. Os mecanismos de representação, sufrágio e cidadania, dentre outros, não atingem o objetivo de emancipação humana e política as quais Marx e Engels se dedicaram. Na forma proposta por Hegel de contradição dialética entre o termo universal – o Estado, como sociedade política – e o termo particular – a sociedade civil, a mediação por meio dos mecanismos "democráticos" não é possível. Thamy Pogrebinschi comenta a *Crítica da filosofia do direito de Hegel*, onde o jovem Marx aponta para uma solução democrática ainda presa ao humanismo próprio do idealismo alemão, com o fim de vistas para a superação:

> [...] não há mediação possível entre o Estado e a sociedade civil. É por isso que Marx mostra que a representação, por exemplo, não serve à democracia, pois ela constitui uma mediação e, como tal, não serve para resolver aquela contradição. [...] [a representação] implica em uma solução falsa e ilusória para a principal contradição engendrada com e pela modernidade política. Uma contradição real, o antagonismo entre dois extremos reais, portanto, apenas pode ser resolvida por meio da negação da negação, isto

é, do *Aulfhebung* destes dois termos, simultaneamente. O desvanecimento do Estado e da sociedade civil consiste, assim, na única maneira de resolver a contradição entre eles se expressa. Foi esse enigma que Hegel não soube decifrar. (POGREBINSCHI, 2007, p. 58)

A democracia não existiria, conforme a autora, na teoria do Estado democrático. Não senão uma falsa democracia que decorre do próprio Estado, não do ser humano emancipado. A superação da forma política democrática que acompanha a forma jurídica capitalista reside na superação dialética para a dissolução de problemas não solucionados pelo Estado democrático. Será a elipse em movimento, "em que essa contradição tanto se realiza como se resolve" (MARX, 2013, p. 178).

A verdadeira democracia, não o simulacro democrático que serve como alienação política do homem, somente seria possível por meio dessa superação da contradição entre sociedade civil e o Estado. Pogrebinschi relembra a alternativa: a comunidade. Será somente com a dissolução dos termos antagônicos e a autorreflexão crítica que tornarão o homem integrado à comunidade que é, por definição, política. "A unidade constituída pela comunidade tem como fundamento os sujeitos políticos reais, os homens que realizam a sua liberdade na e através da associação" (POGREBINSCHI, 2007, p. 58).

Ocorre que há um erro conceitual gravíssimo nas proposições que, como as de Pogrebinschi, tentam mostrar que o Marx maduro não superaria a crítica do jovem Marx. Por outros fundamentos, mas no mesmo caminho da autora, Marilena Chauí crê no reconhecimento da necessidade da instituição do comunismo em substituição ao Estado, este último que só existe enquanto existe o capitalismo. Para esta última, é possível uma "continuidade entre o humanismo democrático e comunismo humanista da juventude e o comunismo revolucionário da maturidade" (CHAUÍ, 1983, p. 263). A *crítica da filosofia do direito de Hegel* apresentaria uma democracia que pressupõe o homem como ser autônomo, antecipado, não a subserviência civil ao Estado. Ao contrário, a democracia é criada e desenvolvida, inevitavelmente, nas relações mercantis-capitalistas, pois o sistema depende de todo seu aparato legal baseado na liberdade, igualdade e propriedade para se constituir. Já no comunismo maduro de Marx, a superação do Estado levaria ao reino da liberdade, mas não de modo imediato. Sem embargo, a crítica de Márcio Bilharinho Naves é acertada ao comentar o tema:

> A democracia, como forma de Estado fundada no reconhecimento da liberdade e da igualdade formal entre os indivíduos, que, na qualidade de cidadãos, conformam o Estado segundo a vontade majoritária expressa nas eleições, só é possível nas condições de uma sociedade mercantil-capitalista. De fato, para que uma forma política democrática se constituísse era necessário que o trabalhador direto estivesse completamente separado das condições materiais da produção, de tal sorte que pudesse apresentar-se no mercado como vendedor de sua força de trabalho enquanto mercadoria. (NAVES, 1997, p. 59)

Com acerto, Marx dirá na sua *Crítica ao Programa de Gotha*:

> Mas estes defeitos na primeira fase da sociedade comunista, tal como acaba de sair da sociedade capitalista, após um longo e doloroso parto. O direito nunca pode ser mais elevado que o estado econômico da sociedade e o grau de civilização que lhe corresponde. (MARX, 1971, p. 21)

Vimos, assim, que o comunismo revolucionário pressupõe essa sociedade livre e liberta da forma política do Estado democrático. Ocorre que, e aqui está o erro de Marilena Chauí, o comunismo revolucionário não pode ficar preso às amarras democráticas. A democracia, enquanto criação do direito burguês tão criticado por Marx nessa mesma *Crítica ao programa de Gotha*, não permite a persistência do ideal revolucionário. E isso seria a derrota do que mal teria nascido. Afinal, o papel claro da representação e da divisão de poderes, instrumentos típicos da democracia enquanto forma política, "é assegurar que ela [i.e., a democracia burguesa] não seja suprimida por meio de decisões democráticas da maioria" (HIRSCH, 2010, 94).

A democracia enquanto forma política dos Estados originados na Idade Moderna é o berço necessário para o desenvolvimento e ampliação do capitalismo. "Apenas com a criação de espaços políticos controlados centralizadamente e claramente delimitados do ponto de vista territorial, podiam surgir 'economia nacionais' fortes e fechadas" (HIRSCH, 2010, p. 91-92). O Estado centralizado e autônomo possui nos institutos ligados à democracia (cidadania, sufrágio, representação etc.) as ferramentas para o desenvolvimento das economias nacionais. Embora não seja uma ligação necessária diante das experiências totalitárias do século XX, em certo sentido, "a democracia representativa liberal pode ser definida como a forma política do capitalismo" (HIRSCH, 2010, p. 95).

O que não será possível é crer que o comunismo leve a democracia a suas últimas consequências, simplesmente, pois não há como dar continuidade ao ideal revolucionário da luta de classes enquanto esse se mantiver preso ao binômio legalidade/ilegalidade. Explica-se: uma revolução legítima, na democracia, só seria possível com a criação de regras que orientassem a luta das massas.[6] Tendo em vista que o "governo de transição" seria

---

6 Umberto Cerroni, expoente da esquerda italiana, foi importante para se conceber uma teoria do "socialismo democrático", o que representa sua própria ruptura com o marxismo. Camilo Caldas comenta que Cerroni, alvo de duras críticas de Poulantzas, juntamente com a ala "democrática" do socialismo italiano, comenta: "Por limitar cada vez mais sua visão dentro da perspectiva de "consenso e legalidade", talvez não surpreenda muitos, que Cerroni, tendo sucumbido aos ideais das tendências social-democratas europeias da década

estabelecido pela maioria, seria ilegal a permanência da insatisfação contra este. Por isso o nascimento de uma burguesia muito mais pública (de Estado) que particular (capitalista) seria inevitável. Como sua antecessora, essa classe burguesa de Estado não tem a mínima intenção de deixar os meios de produção, de dar continuidade ao violento/poderoso processo revolucionário que redundará, inevitavelmente, ao fim de seus próprios privilégios.

Ir ao sentido contrário pode gerar uma queda no discurso democrático como possível em um socialismo de transição, como crê grande parte dos intelectuais de esquerda, os quais aceitam o ponto de vista do adversário e, ainda, concordam em "lutar dentro das regras e no campo determinado pela burguesia" (NAVES, 1997, 58). Esse encantamento pode ser explicado pela própria falsa característica popular do princípio democrático.

Dirá mais uma vez Marilena Chauí: "A Comuna, na interpretação de Marx, destrói a democracia burguesa pela instauração da democracia *tout court*, isto é, tal como definira na *CFDH* [i.e., *Crítica da filosofia do direito de Hegel*], poder real do povo real que faz e executa a lei" (CHAUÍ, 1983, p. 266). Sim, mas isso foi verdade para um jovem Marx ainda preso à tradição hegeliana. Não é possível creditar ao Marx da revolução permanente armada a continuidade da democracia.

Falar em um "socialismo democrático" ou na "democracia socialista" é o mesmo que "garantir perpetuação das regras do jogo (jurídicas) do Estado democrático socialista" (NAVES, 2000, p. 93). Falar em Estado Socialista que decreta o comunismo por

---

de 1990, termine sua trajetória filosófica defendendo" a ideia de universalidade do Estado Democrático (CALDAS, 2007, p. 5). Sobre a insistência de Cerroni para situar a saída do sistema capitalista em regras constitucionais que ditem a forma de atuação do movimento revolucionário, Márcio Naves diz: "A consequência disso é clara: a luta política só seria 'legítima' se renunciasse ao emprego de qualquer meio ilegal, se renunciasse ao uso da violência não autorizada pela lei. Em decorrência, as classes populares ficariam prisioneiras das regras do jogo da política burguesa e, o que ainda é mais grave, se tornariam defensoras da ordem legal da burguesia" (NAVES, 1997, p. 62).

meio da utilização do direito burguês é impensável. "Elas [i.e., as transformações necessárias] só podem ocorrer através de um processo longo de luta de classes" (NAVES, 2000, p. 95).

Não há nenhum interesse na imediata identificação da democracia com a dominação por meio da hegemonia. Na luz, qualquer injustiça é enfrentada com luta; na escuridão, permite-se sua identificação com o justo e a luta contra o correto. "Ao converter a opressão em liberdade, a democracia revela toda a sua eficácia e toda a sua sedução" (NAVES, 2001, p. 9). Por fim, *falar em um direito qualificado como "'socialista'* seria tanto uma impossibilidade teórica como um objeto a ser combatido politicamente" (NAVES, 2008, p. 87).

O socialismo não se desenvolve no seio do Estado, mas é um momento, ou fase de transição, em que a luta permanente de classes continua. Isso significa que o avança em direção ao comunismo, o que se apresenta como solução para pensar o Estado, é sua própria superação como forma política, não sua modificação em moldes socialistas (NAVES, 1997, p. 65). A institucionalização de uma burguesia de Estado é processo consequente da estatização da propriedade dos meios de produção. Ainda assim, isso não será comunismo enquanto houver classes. A violência/poder revolucionária (*Gewalt*), não pode ser impedida por regras. "Trata-se de opor o princípio da democracia ao *princípio da luta de classes como motor do desenvolvimento socialista*, isto é, como o elemento decisivo de transformação das relações sociais capitalistas na fase de transição para o comunismo" (NAVES, 2000, p. 98).

> Os esquecidos da história: os pobres, os miseráveis, os desempregados, os trabalhadores explorados, camponeses sem terra, indígenas folclorizados, migrantes desprezados, crianças de rua, presos políticos, os idosos censurados, o intelectual orgânico ou responsável por suas

funções sociais, as mulheres silenciadas, a juventude sem futuro, a diversidade sexual estigmatizada, profissionais desempregados, representam o que Marx chamou de "popular". O popular é o povo (a multidão como ele gosta de se referir ao pensamento conservador), com suas muitas faces magoado e ofendido por uma classe que tem dominado a violência político-econômica e institucional exercida. Sem dúvida, este é o material de referência que Marx tinha em mente, até seus últimos anos. (RAMÍREZ, 2009, p. 282)

Alguns problemas são encontrados no momento de realização dessa autonomia, corolário da ultrapassagem da democracia como forma política do Estado, claro. Como se pode crer, as condições objetivas de exploração, por si só, não conduzem a uma potencialidade de mudança. Trata-se de mera possibilidade objetiva, para lembrar Ernst Bloch. Como a autonomia exige a participação popular, de classes, para sua construção, logo a concretização prática da autonomia *frente ao* e *do próprio* Estado "depende de percepções e valorações subjetivas" (THWAITES REY, 2004, p. 31). Como já dissera Sartre, "não basta ser oprimido para crer-se revolucionário".

As dificuldades ficam claras quando se faz uma pesquisa qualitativa da sociedade e se descobre que a maioria, antes de pensamento político que envolva o espaço público, precisa se preocupar com sua própria subsistência e de sua família. O tempo e o ócio criativo, necessários para o engajamento, são tirados da sociedade civil pelo sistema capitalista. A invenção da luz artificial foi o marco que modificou tudo isso: a partir de então, a sacralidade da noite para o descanso do trabalhador lhe foi tirada. Aumenta-se o tempo de trabalho, tira-se seu lazer. Por mais que tenhamos conquistas como as oito horas de trabalho/descanso/lazer, não há um real respeito para quem é necessitado.

As distâncias cada vez maiores entre a residência, o local de trabalho, o local de estudos pela a criação de um cinturão vermelho, semelhante ao de Paris no século XIX, que empurra os trabalhadores mais pobres para as periferias por meio do aumento dos preços de aluguéis, contribui para a consciente despolitização da população. Não à toa, essa mesma democracia que mede a todos segundo a liberdade, igualdade e propriedade, é a que impede a real participação política, ou melhor, o interesse político.

Trabalhar a emancipação humana será mais do que ficar adstrito aos limites horizontes democráticos. É mais do que permitir sua representação em Congressos Parlamentares. Uma teoria do Estado que leva em consideração as relações materiais da luta de classes deverá reconhecer a necessidade de mudança na forma de participação na própria constituição das forças produtivas. Esse modelo está envolvido em uma real emancipação humana e política.

A autonomia do povo e das forças políticas frente ao capital e frente aos interesses privados, como já dissemos, envolve também os assuntos privados travestidos de coletivos. Por isso, outra questão que não pode ser deixada de lado em uma teoria eficaz, por exemplo, é o papel da religiosidade entre a população latino-americana, em especial a disseminação do evangelismo. Pela busca de um Estado que se preocupa com o político, com o social, com o bem comum além de idiossincrasias que suprimem a minoria, preterindo o teocrático. Assim deve ser entendido o argumento.

"O Estado moderno é excludente: partindo-se da ficção de que os grupos sociais diferentes estavam situados fora da organização institucional, não previu que, em um dado momento, pudessem incluir-se por dentro dela" (MUÑOZ, 2010, p. 96). Institutos como cidadania representação e sufrágio tornaram-se simulacros daquilo que prometeram ao povo: não são reais, senão cartas de jogo político em função da exigência de quem tem o poder e alienação que não permite a politização da sociedade, mas sim o distanciamento em relação à governança do espaço público.

Mabel Thwaites Rey (2004, p. 59) chega a comentar, e entendemos que com acerto, que devemos considerar "que é essencial recuperar o nome de POLÍTICA como referência aos assuntos comuns da *polis*, do coletivo capaz de definir suas regras de interação". E por isso a importância da crítica em descolonizar o imaginário latino-americano da teoria europeia do Estado, rumo ao que é realmente nosso. Essa nova política amoldada à realidade ainda é a melhor saída.

Acreditamos que a alternativa além da democracia é possível sim, sem se tornar utopia abstrata. Pode-se considerar ambiciosa, mas nenhuma teoria conformada com a realidade posta tornou-se realidade sem alterar drasticamente as relações materiais. E do que a América Latina precisa? Não ser conhecida, mas transformada (Marx). A experiência dos movimentos sociais é clara: a autonomia deve ser resultado da luta de classes rumo à superação da forma Estado, seja no âmbito nacional, seja no plano internacional (HIRSCH, 2010, p. 286).

3.3. O Estado e o nazismo

Adorno não se focou no estudo do Estado e de suas funções burocrático-administrativas, mas sim na forma como este assumiu o fascismo como política de extermínio de indesejados, nestes incluídos os judeus, ciganos, negros, incapazes por doenças físicas ou mentais e Testemunhas de Jeová.

O Estado fascista, tomado aqui em sentido lato, donde o nacional-socialismo se desenvolveu na Alemanha, a partir da análise psicanalítica de Freud, atuou a partir de energias do inconsciente: "Como uma rebelião contra a civilização, o fascismo não é simplesmente a recorrência do arcaico, mas sua reprodução na e pela civilização" (ADORNO, 2006, p. 170). A atuação do Führer além de violenta contra o inimigo eleito, era violenta ao atingir, por meio da propaganda fascista, a todo o povo, dominando e decidindo desde questões de Estado até o mais corriqueiro:

> Numa sociedade dominada pelos grandes bandidos fascistas, que se puseram de acordo sobre a parte do produto social a ser destinado às primeiras necessidades do povo, pareceria enfim anacrônico convidar ao uso de um determinado sabão em pó. O Führer ordena de maneira mais moderna e sem cerimônia tanto o holocausto quanto a compra de bugigangas. (ADORNO; HORKHEIMER, 2006, p. 132)

Essa sociedade de massas atua, portanto, mais uma vez para retirar a possibilidade de pensamento autônomo pelo indivíduo. Aniquila, assim, a potencialidade da ação política. "O indivíduo em massa comporta-se de maneira regredida em comparação às suas ações fora da massa" (CROCHIK, 2006, p.160). A institucionalização organizada da sociedade, marca da política nazifascista, não conseguia maquiar que refletia nitidamente a irracionalidade da sociedade alemã: "não é só a propaganda que suscita a irracionalidade dos indivíduos, mas também as instituições organizadas que expressam as contradições da sociedade" (CROCHIK, 2006, p. 162).

Cabe lembrar que o papel do líder, para o nazifascismo é essencial, pois "a imagem psicológica do líder é apta a reanimar a ideia do todo-poderoso e ameaçador pai primitivo" (ADORNO, 2006, p. 172). Daí que a explosão de êxtase com líderes, religiosos, políticos ou artísticos, sempre denotam a potencialidade do caráter fascista da sociedade. Não dificilmente assumiriam uma política de Estado totalitária (ADORNO, 2010c, 123).

Para Adorno, esse Estado está relacionado diretamente com a opressão por meio da forma jurídica abstrata, baseada no sujeito de direito, ou, nas palavras de Vladimir Safatle (2013, p. 41) "a própria noção de norma jurídica enquanto tal, com sua universalidade abstrata", o que seria uma questão ontológica de importância a que Adorno poderia ter dado maior atenção. Isso porque, para o filósofo, "o meio no qual o mal, em virtude de sua objetividade, alcança um ganho de causa e conquista para si a aparência do bem é em grande medida o meio da legalidade" (ADORNO, 2009, p. 257). O direito na sociedade é ponto de apoio para a superação de seu terror, sendo recorrido toda vez que esse terror for maior que as utopias de superação. A igualdade jurídica que é a base desse ordenamento abstrato, na realidade, suplanta aquele que não se encaixar no modelo de humanidade proposto pelo direito. "As normas jurídicas excluem o que não é coberto por elas, toda experiência não pré-determinada do específico em virtude da sistemática sem quebras, e elevam então a racionalidade instrumental a uma segunda realidade *sui generis*" (ADORNO, 2009, p. 257).

Nesse trecho, Adorno está focado na crítica ao direito, e o fenômeno jurídico, constituído pela sociabilidade que subjuga o sujeito negativo. Esse sujeito, portanto, não pode ser realizado por ações estatais; isso se deve dar fora de seu campo de atuação. Talvez essa seja crítica de Adorno ao Estado e ao direito mais próxima dos propósitos marxianos. Se a teoria do direito contemporânea se vê baseada hegemonicamente em Kant e Hegel para tentar enxergar um caminho de emancipação por meio destes, sem necessariamente superar o capitalismo, essa parece ser uma complicação teórica a que Adorno não parece se filiar.

3.4. A educação para a emancipação

A experiência educacional para Adorno possuiu um papel muito importante na formação do indivíduo. Muito mais do que simplesmente transmitir o conhecimento, o educador possui, propriamente, uma função política. Isso porque a realidade extrapedagógica exerce forte influência sobre as pessoas, o que tem sido deixado de lado pela educação institucionalizada nas escolas (ADORNO, 1996, p. 388).

A semiformação (*Halbbildung*) é traço generalizado da sociedade capitalista. A cultura, que antes havia formado a consciência de classe do burguês, hoje, é tomada do explorado para que não tome a mesma atitude culminada no ano de 1789. A indústria cultural é o instrumento utilizado para a formação das pessoas desde pequenos, não sendo raro que as crianças passem a mimetizar na rua as formas de tratamento, vestimenta e trejeitos que lhes são ensinados pela cultura da semiformação. Enquanto isso, a educação para a real formação perde espaço.

A formação, que "tem como condições a autonomia e a liberdade" não consegue ser desenvolvida em oposição à indústria cultural que, dona do capital, levou à "irrevogável queda da metafísica", terminando com o próprio sentido da vida (ADORNO, 1996, p. 398)

É possível identificar três papéis dessa função política a partir dos textos reduzidos a termo de debates que vão de 1963 a 1969: primeiro, "a produção de uma consciência verdadeira" (2010d1, p. 141); segundo, "desbarbarizar" (2010c1, p. 155); e, terceiro, autonomia política.

Antes de tudo, cumpre inverter a ordem do subtítulo para pensarmos, inicialmente, o que é a emancipação a que Adorno se refere, para depois compreender de que forma a educação age para atingir seu *telos*. Isso é importante, pois, mais uma vez, vemos a limitação do pensamento político adorniano preso na forma política democrática.

Adorno deixa claro que a exigência política de uma educação com novos parâmetros tem seus olhos em uma exigência política: "uma democracia com o dever de não apenas funcionar, mas operar conforme seu conceito, demanda pessoas emancipadas", e prossegue: "Uma democracia efetiva só pode ser imaginada enquanto uma sociedade de quem é emancipado" (ADORNO, 2010d1, p. 141-142). O filósofo que, nos anos 1930, desenvolveu uma crítica à democracia enquanto parte do mecanismo de dominação do capitalismo, agora, passa a encará-la como urgência teórica e prática a justificar o investimento na educação.

O conservadorismo de Adorno salta aos olhos diante de toda a teoria política vista a partir de Marx maduro, bem como Pachukanis, Althusser e, mais recentemente, Joachim Hirsch, os quais apontam para a relação necessária entre democracia e capitalismo, como vimos. Em seus últimos anos de vida, parece que *emancipar* para Adorno se coaduna com a emancipação política nos mesmos moldes que gerou o levante da burguesia para a Revolução Francesa.

Indo adiante, retomamos os três papeis da educação para Adorno.

Primeiro, produzir uma consciência verdadeira. Contra a tendência de apenas apresentar ao indivíduo a informação já processada aguardando sua legitimação seria uma falsa consciência. A independência geraria, portanto a autolegislatura, a autonomia necessária para a atuação do indivíduo na sociedade democrática. "A única possibilidade de sobrevivência que resta à cultura é a autorreflexão crítica sobre a semiformação, em que necessariamente se converteu" (ADORNO, 1996, p. 410).

Segundo, "desbarbarizar tornou-se a questão mais urgente da educação hoje em dia" (ADORNO, 2010c1, p. 155). A agressividade, violência primitiva, ou ainda o impulso primitivo do ser humano coloca em risco a própria existência da sociedade. Sem o seu controle a própria humanidade estará em risco. Para lembrar Walter Benjamin na tese 6, *Sobre o conceito da história*: "também os mortos não estarão em segurança se o inimigo vencer. E esse inimigo não tem cessado de vencer" (BENJAMIN, 2004 [2010], p. 224-225). Ocorre que Adorno, ao tentar delimitar o próprio conceito de barbárie, coloca determinadas ações de manifestantes secundaristas, no ano de 1968, fora do campo do barbarismo:

> Se existe algo com os secundaristas de Bremen demonstra, então é precisamente a conclusão de que a educação política não foi tão inútil como sempre se afirma; isto é, que essas pessoas não permitiram que lhes fosse retirada a espontaneidade, que não se converteram em obedientes instrumentos da ordem vigente
> [...]
> Se examinarmos mais de perto os acontecimentos que ocorrem atualmente na rebelião estudantil, então descobriremos que de modo algum se trata neste caso de erupções primitivas de violência, mas em geral de modos de agir politicamente refletidos. (ADORNO, 2010c1, p. 158-160)

Disso decorre que a filosofia para uma educação que alcance o fim da barbárie, em Adorno, ganharia muito se mantivesse seus pés na luta de classes. O sujeito revolucionário é mitigado pelo sujeito democrático, sendo na verdade que este vive sob as regras da democracia que impedem o estabelecimento de maneiras concretas de solução da injustiça.

István Mészáros, com conclusões semelhantes às de Althusser, embora não o siga, reconhece que na lógica incorrigível do capital, pensar a educação é urgente para além dos domínios da forma mercadoria. A educação fornecida e sustentada por esse mesmo Estado democrático que Adorno vê como objetivo tem atuado ao (1) inculcar o conhecimento especializado para o desenvolvimento das forças produtivas; (2) fornecer ao mercado o pessoal que adentrará nessa lógica irracional do capital; bem como (3) gerar e transmitir os valores que legitimam os interesses da classe dominante, não sem se utilizar da hegemonia para a dominação. E anima os educadores a assumirem o seu papel primordial na formação:

> É por isso que hoje o sentido da mudança educacional radical não pode ser senão o rasgar da camisa-de-força da lógica incorrigível do sistema: perseguir de modo planejado e consistente uma estratégia de rompimento do controle exercido pelo capital, com todos os meios disponíveis, bem como com todos os meios ainda a ser inventados, e que tenham o mesmo espírito. (MÉSZÁROS, 2005, p. 35)

Por fim, o terceiro, a educação promoveria a real formação da humanidade. "Para evitar um resultado irracional é preciso pressupor a aptidão e a coragem de cada um em se servir de seu próprio entendimento" (ADORNO, 2010d, p. 169). Até mesmo a universidade, que deveria ser o local próprio para a produção e difusão do conhecimento, não é poupada por Adorno, pois todo o sistema educacional deve ser voltado, para ele, ao objetivo da autonomia do pensamento.

Como vimos, isso somente será possível com o reconhecimento de que a ação revolucionária atua para além dos próprios moldes estatais e jurídicos. Sem isso, a educação para uma revolução silenciosa, como dizem alguns, não será nada mais do que joguete ideológico para deslegitimar a ação política direta não tão silenciosa.

4
AINDA DIREITO E POLÍTICA EM ADORNO: AUSCHWITZ

> *Se por outro lado não se vingam os mortos e se pratica o perdão, então o fascismo impune será apesar de tudo vencedor, e depois que ele mostrou como é fácil haverá sequência em outro lugar. [...] Normal é a morte. (Adorno, Minima moralia)*

> *A tarefa do filósofo, neste lugar, não é apenas esperar o escombro, mas cavá-lo ou provocá-lo. (Tiburi, Metamorfoses do conceito)*

> *Caberia construir perspectivas nas quais o mundo se ponha, alheado, com suas fendas e fissuras à mostra tal como alguma vez se exporá indigente e desfigurado à luz messiânica. (Adorno, Minima moralia)*

Auschwitz é insistentemente lembrada por Adorno e não sem motivos. "Fala-se da ameaça de uma regressão à barbárie. Mas não se trata de uma ameaça, pois Auschwitz *foi* a regressão; a barbárie continuará existindo enquanto persistirem no que tem de fundamental as condições que geram essa regressão" (ADORNO, 2010c, p. 119).

A existência de Auschwitz não foi irracionalidade, como poderia ser imaginado de pronto. Todos os mecanismos lá criados para a morte de milhões de pessoas inocentes demonstram o tamanho da racionalidade empregada para sua manutenção. Como já vimos, a razão instrumental é utilizada como meio para os fins de um Estado que atua para a barbárie.

Como é sabido, o passado é necessário, pois, sendo o presente carregado de possibilidades, uma vez acontecida uma ação, ela se torna necessária, não podendo ser alterada. Isso poderia nos levar à tendência de esquecer Auschwitz, bem como o potencial de barbárie como tendo sido solidificado no passado, não podendo ser retomado. O esquecimento seria, portanto, uma tática para não sofrermos.

Ocorre que, conforme o próprio Adorno anota, "o gesto de tudo esquecer e perdoar, privativo de quem sofreu a injustiça, acaba advindo dos partidários daqueles que praticaram a injustiça" (ADORNO, 2010h, p. 29). Nesse aspecto, o retorno às consequências de Auschwitz para pensar o direito e o Estado a partir de Adorno são importantes para compreender o potencial auxílio de seu pensamento para uma filosofia marxista do direito.

4.1. A aproximação com a morte

Parece que Adorno lê o nazismo e o fascismo como más influências dentro da democracia. Esse questionamento é estimulado pelo próprio filósofo: "Considero a sobrevivência do nacional-socialismo *na* democracia como potencialmente mais ameaçadora do que a sobrevivência de tendências fascistas *contra* a democracia" (ADORNO, 2010h, p. 30).

Em sentido contrário, se a influência da exceção sobre a normalidade fosse mitigada, vale dizer, com o primado da democracia, não haveria o que temer. Esse pensamento conservador, como vimos, não pode subsistir diante da própria crítica à forma política democrática como caminhando no mesmo pé da forma mercantil, como já dissemos.

"Os proscritos despertam o desejo de proscrever. No sinal que a violência deixou neles inflama-se sem cessar a violência. Deve-se exterminar aquilo que se contenta em vegetar" (ADORNO; HORKHEIMER, 2006, p. 151). A *Dialética do esclarecimento* permite a leitura de seus elementos contra o antissemitismo de maneira ampla: o judeu, hoje, pode ser considerado o representante de qualquer classe ou grupo que se vê dominado e exterminado diante da totalidade. Aqueles que sofrem a injustiça, de despertam o desejo de proscrever.

Assim, os *Elementos do antissemitismo* possuem forte atualização para a contemporaneidade, tendo em vista que, não raro, grupos vêm sofrendo proscrição pelo simples fato de não serem reconhecidos como Outro perante o dominador. "Ficou provado que as chances do antissemitismo são tão grandes nas regiões de judeus como até mesmo em Hollywood" (ADORNO; HORKHEIMER, 2006, p. 165).

Esse é o caso das mulheres, homossexuais, minorias religiosas ou estigmatizadas como terroristas, ciganos, negros e indígenas, pobres despossuídos de renda e seu próprio corpo para sacrificar diante do altar do trabalho assalariado. Para esses a morte tem sido uma realidade cada vez mais próxima, ainda que não diária, mas potencialmente perigosa.

Isso fica claro quando se atenta para o alerta de Adorno ao comentar sobre o estudo da sociedade estadunidense em sua época de vivência no exílio. Tendo aportado num país em que a música e o cinema tendem a se popularizar com o intuito claro que alienar a população de questões políticas. Assim comenta quando da edição de *Personalidade autoritária*:

> O padrão geral que estamos investigando aqui vem caracterizado por um traço que permeia tudo. Estes sujeitos não querem compaixão alguma para o pobre, nem aqui, nem no estrangeiro. Este traço da personalidade parece estar estritamente confinado aos marcadores altos e se apresenta como uma das características mais diferenciadoras da filosofia política.
>
> [...]
>
> A atitude de indiferença para com os pobres, com admiração para os ricos e bem-sucedidos, lança luz sobre o potencial dos marcadores elevados em relação a futuras vítimas do fascismo em uma situação crítica. Aqueles que humilham mentalmente os que estão em qualquer caso oprimidos, é mais do que provável reajam da mesma forma quando um grupo marginal está sendo "liquidado".[1]

A aproximação com a morte é mais provável num ambiente de normalidade do que se possa imaginar. O discurso politicamente correto que permeia a sociedade democrática consegue esconder, por meio das piadas, a ação violenta contra determinados grupos. A consciência mutilada por uma esfera social predatória, reflexo de um sistema econômico consumista, também predatório, onde tudo é descartável para que a mercadoria circule, chega a promover manifestações externas desse ódio pelo grupo.

A atuação do capitalismo na sociedade e nos indivíduos – os quais só se consideram enquanto conceito abstrato, não real

---

[1] Na tradução para o espanhol: "El padrón general que estamos investigando aquí viene caracterizado por un rasgo que lo impregna todo. Estos sujetos no quieren compasión alguna para el pobre, ni aquí ni en el extranjero. Este rasgo de la personalidad parece estar estrictamente confinado a los puntuadores altos y se presenta como una de las características más diferenciadoras dentro de la filosofía política. [...]La actitud de indiferencia hacia los pobres, junto a la admiración por la gente rica y exitosa, arroja luz sobre la actitud potencial de los puntuadores altos respecto de las futuras víctimas del fascismo en una situación crítica. Aquellos que humillan mentalmente a quienes se encuentran en cualquier caso oprimidos es más que probable que reaccionen de mismo modo cuando un grupo marginal está siendo 'liquidado'" (ADORNO, 2009b, p. 147-525).

e vivo na história – ultrapassa a última barreira: o corpo: "Em cada situação em que a consciência é mutilada, isto se reflete sobre o corpo e a esfera corporal de uma forma não-livre e que é propícia à violência" (ADORNO, 2010c, p. 127).

A "indiferença contra a dor em geral" (ADORNO, 2010c, p. 128) não existe apenas no Estado totalitário como política de atuação frente os particulares. Não é de se admirar que, para a ação dentro do ordenamento jurídico, considerado pelos juristas como o meio de produção de justiça, necessita-se do conhecimento da técnica jurídica. Sem ela, de nada adianta, ainda que no Estado de normalidade, o desejo pela solução da desigualdade.

Adorno trata da tendência a se admirar a técnica da técnica como ação humana diante das potencialidades ("*I like nice equipment*"), esvaziando a alteridade. Podemos compreender melhor a técnica jurídica a partir de seus comentários:

> Os homens inclinam-se a considerar a técnica como sendo algo em si mesma, um fim em si mesmo, uma força própria, esquecendo que ela é a extensão do braço dos homens.
> [...]
> No caso do tipo com tendências à fetichização da técnica, trata-se simplesmente de pessoas incapazes de amar. Isto não deve ser entendido num sentido moral ou moralizante, mas denotando a carente relação libidinal com outras pessoas. Elas são inteiramente frias e precisam negar também em seu íntimo a possibilidade do amor, recusando de antemão nas outras pessoas o seu amor antes que o mesmo se instale. A capacidade de amar, que de alguma maneira sobrevive, eles precisam aplicá-la aos meios. (ADORNO, 2010c, p. 132-133)

Todo aspecto tecnicista das teorias do direito desenvolvidas a partir da relação normativa demonstram um comprometimento que os filósofos mantêm com o positivismo que pretendem superar, o que não é atingido apenas por elevar, no nível do discurso os princípios à categoria de normas. Ambos continuam sendo arte de uma técnica fria que somente pode ser moldada por meio dos estreitos horizontes jurídicos. Fazem parte de um positivismo ético: "O ganho político dessa nova visão é o exato oposto de sua qualidade teórica. Não se trata de uma moralidade nova, para além das normas, mas a moralidade nas normas" (MASCARO, 2010, p. 357).

Para Adorno, uma possível visualização para a solução do retorno à barbárie, como tentativa de superação, é a fórmula da educação para a autorreflexão crítica. "O centro de toda educação política deveria ser que Auschwitz não se repita" (ADORNO, 2010c, p. 137). Nesse ponto, Adorno se mostra bem progressista, pois reconhece que o direito estatal, a instituição de uma razão de Estado, provocador da heteronormatividade, é a própria instituição do terror:

> Seria preciso tratar criticamente um conceito tão respeitável como o da razão de Estado, para citar apenas um modelo: na medida em que colocamos o direito do Estado acima do de seus integrantes, o terror já passa a estar potencialmente presente. (ADORNO, 2010c, p. 137)

A contribuição de Adorno para compreender as bases que levam à recriação de Auschwitz lançam luz para entender que também o Estado de normalidade, como o Estado de exceção possuiu bases fascistas. Acreditar na restituição da liberdade ao sujeito pelo Estado democrático sem se dar conta da realidade de terror nas economias de mercado que matam silenciosamente milhões de pessoas seria uma inocência que não se pode deixar de denunciar.

4.2. O direito do condenado: a tradição dos oprimidos

A teoria crítica insere-se na filosofia do século XX como parte de uma tradição que se pode chamar de melancolia de esquerda, "no sentido em que os filósofos frankfurtianos se encontram 'não à esquerda desta ou daquela orientação, mas simplesmente à esquerda de tudo o que é possível'" (MATOS, 1989, p. 20). Nesse aspecto, Adorno também se propõe a falar aos interesses da humanidade inteira que, como diz o aforismo 17 das *Minima moralia*, "em princípio todos, incluindo os mais poderosos, são objeto".

> Aqueles que propagaram o individualismo, o direito abstrato, o conceito da pessoa, estão degradados agora a uma espécie. Aqueles que jamais puderam gozar tranquilamente dos direitos civis e políticos, que deviam lhes conferir a qualidade da humanidade, são de novo indistintamente designados como "o judeu". Mesmo no século dezenove, o judeu permanecia dependente de uma aliança com o poder central. O direito universal garantido pelo Estado era o penhor de sua segurança; a lei de exceção, seu espantalho. Ele permaneceu um objeto à mercê dos poderosos, mesmo quando insistia em seu direito. (ADORNO; HORKHEIMER, 2006, p. 145)

O progresso nunca fez jus aos oprimidos. Walter Benjamin deixa claro nas teses *Sobre o conceito da história* que todo o progresso necessariamente passa por cima dos oprimidos: "Todos os que até hoje venceram participam do cortejo triunfal, em que os dominadores de hoje espezinham os corpos dos que estão prostrados no chão" (BENJAMIN, 2004 [2010], p. 225). Não só os dominadores que participam da sociedade sob o Estado democrático que estão neste cortejo triunfal: todos os que um dia já venceram caminham por cima dos oprimidos, numa clara demonstração de que a injustiça da dominação hoje é um resultado histórico: os herdeiros do domínio não largarão o seu quinhão, a menos que a atuação por meio da consciência de classe seja efetiva.

A tradição dos oprimidos, quando resgatada por essa melancolia de esquerda, deverá ter em mente que "escovar a história a contrapelo" envolve ações efetivas não apenas para a manutenção da dominação, o que seria revisionismo, mas para a destituição da própria sociedade de classes.

A felicidade é impotente na sociedade marcada pela divisão em classes e pela dominação da natureza (ADORNO; HORKHEIMER, 2006, p. 143 e 185). Márcia Tiburi sugere que é a solidariedade com o sofrimento alheio seria uma forma de possibilidade de resistência diante das experiências que espezinham a existência humana histórica, sempre ligada à opressão:

> A solidariedade não exige – embora possa contar com isso – que se conheça o sofrimento empiricamente no próprio corpo, mas no corpo do outro, momento em que a filosofia torna-se um tipo de experiência intelectual acerca do sofrimento alheio. Nesse ponto, Adorno está abrindo caminho para uma moral da teoria fundada em sua solidariedade com a sociedade, os sujeitos particulares, a natureza e os objetos. (TIBURI, 2005, p. 239)

Já que condenados à suscetibilidade do sofrimento histórico, o ser humano deveria reconhecer que seu direito poderia não ser seu, mas tomado de outro, ou ainda a experiência sofredora do outro tem potencialidade de ser transferida para si. A contingência dos tempos de barbárie deve fazer com que tenhamos uma consciência social. "É essa consciência que o torna um ser social" (TIBURI, 2005, p. 240).

O direito do condenado é contingente, como o tempo de barbárie vivida após Auschwitz é contingente. Nada no mundo é tão perene quanto o número de mortos que nunca poderá ser apagado. O passado, tendo-se tornado necessário, reclama que o olhemos com outros olhos: isso sim pode ser alterado pela nossa experiência moldada por uma teoria do reconhecimento guiada para a *práxis* revolucionária. Esta sim, em último sentido, a principal forma de realização do bem.

4.3. Direito, cidadania e transformação social: redenção "à luz messiânica"

Em seu *Fragmento Teológico-Político*, creditado por Adorno ao ano de 1938, reforçando o caráter dialético materialista pelo qual deve ser lido), Walter Benjamin comenta sobre o papel do Messias na prática histórica, o que seria, posteriormente, reafirmado em suas teses sobre o conceito da história:

> Só o próprio Messias consuma todo o acontecer histórico, nomeadamente no sentido de que só ele próprio redime, consuma, concretiza a relação desse acontecer com o messiânico. Por isso, nada de histórico pode, a partir de si mesmo, pretender entrar em relação com o messiânico. Por isso, o reino de Deus não é o *telos* da *dynamis* histórica – ele não pode ser instituído como um objetivo. De um ponto de vista histórico, não objetivo (*Ziel*), mas termo (*Ende*). Por isso, a ordem do profano não pode ser construída sobre o pensamento do reino de Deus, por isso a teocracia não tem nenhum sentido político, mas apenas sentido religioso. O maior mérito de *O Espírito da Utopia*, de Ernst Bloch, é ter negado firmemente o significado político da teocracia. (BENJAMIN, 2012, p. 23)

Observam-se no fragmento a existência de elementos místicos e revolucionários, mas Benjamin, mais uma vez, deixa transparecer a utilização dos primeiros como alegoria para a *práxis* marxista. Houve certa confusão entre seus amigos Gerhard Scholem, mestre cabalista, e Adorno, para a compreensão do trabalho. O primeiro insere o fragmento no âmbito místico, enquanto o segundo, no mesmo sentido que dá às teses, lê um Benjamin que não se contenta com o sistema posto e deseja a realização do "Juízo Final" com a vinda do Messias na figura das massas oprimidas: a Revolução pelas mãos das massas oprimidas. Essa leitura de mão-dupla é necessária, como lembra Jeanne-Marie Gagnebin (1999, p. 195):

> O texto mais decisivo a esse respeito é o *Fragmento teológico-político* (assim denominado por Adorno) que data dos anos 20, e deve ser colocado no contexto de uma dupla discussão, a de Benjamin com seus amigos sionistas (Scholem emigra para a Palestina em 1924) e, igualmente, com certo marxismo, em particular com o livro de Ernst Bloch, publicado em 1918, *Geist der Utopie* (*Espírito da utopia*).

Uma leitura mais acertada, sobre o conceito teológico-profano bem trabalhado no fragmento, é feita por Michael Löwy (2005, p. 51-52) ao buscar nos próprios textos benjaminianos e anotações incompletas o sentido para o texto que se adeque ao momento político em que escrito:

> A redenção messiânica/revolucionária é uma tarefa que nos foi atribuída pelas gerações passadas. Não há um Messias enviado dos céus: somos nós o Messias, cada geração possui uma parcela do poder messiânico e deve se esforçar para exercê-la. [...] Deus está ausente, e a tarefa messiânica é inteiramente atribuída às gerações humanas. O único messias possível é coletivo: é a própria humanidade, mais precisamente, como veremos depois a humanidade oprimida. [...] A redenção é uma autorredenção, cujo equivalente profano pode ser encontrado em Marx: os homens fazem sua própria história, a emancipação dos trabalhadores será obra dos próprios trabalhadores.

No fragmento, Benjamin insiste que a teocracia não tem nenhum significado político, apenas religioso, deixando ao profano, ao leigo, o papel de atuação necessária para o transplante de coração a um mundo sem coração (Marx). "A ordem do profano deve ser construída sobre a ideia de felicidade. Sua relação com o messiânico é um dos ensinamentos essenciais da filosofia da história", assim escrevera Benjamin a respeito desse mesmo "ritmo da natureza messiânica".

"O Messias não vem apenas como salvador; ele vem também como vencedor do Anticristo" (BENJAMIN, 1994 [2010]: 224). Não se permite, como Benjamin já destacara em seu tempo, que o sistema capitalista com todas as suas formas revisionistas de superação de crises continue indefinidamente. "A experiência de nossa geração: o capitalismo não morrerá de morte natural" (BENJAMIN, 2009, p. 708), será pela força e experiência histórica que a superestrutura desabará, juntamente com a infraestrutura.

O presente texto tem como objetivo alertar para a leitura de Benjamin que ultrapassa o campo estético, mas que chega ao político-revolucionário. A criação do Estado e seus aparatos legais servem como travestismo do mal que é intrínseco ao capitalismo. O fragmento serve para que lembremos a função política do povo unido em busca do reino da liberdade. O "Juízo Final" chegará quando menos esperar. E dizemos mais, os acontecimentos históricos apontam para sua chegada triunfal.

Essa leitura vai ao encontro do intuito de Benjamin nas *Passagens*:

> De fato, é absolutamente necessário compreender, precisamente na dimensão polêmica que lhe é própria, a apoteose da organização e do racionalismo que o Partido Comunista deve pôr em prática de maneira infatigável diante das forças feudais e hierárquicas, e ter claro que do movimento também fazem parte elementos místicos, mesmo que estes sejam de natureza completamente diferente. Ainda mais importante, entretanto, é não confundir estes

> elementos místicos, que pertencem à corporeidade, com elementos religiosos". (BENJAMIN, 2009, p. 740)

Esse texto será importante para compreender o último fragmento das *Minima moralia*, no qual Adorno aponto para a necessidade da mesma redenção por meio da luz messiânica a possibilitar a salvação dos que vivem sobre a constelação da opressão. Ocorre que, diante do Estado, seja ele totalitário, seja em *status* de normalidade, não há possibilidade de que a superação da forma mercantil tenha espaço.

Se a luta de classes leva ao apogeu da revolução que inicia um tempo de transição a democracia e os institutos que prendem a ação do sujeito revolucionário, embora tenham o papel de proteção da ação política, não podem ser considerados como valores universais, sob pena de impedir a real forma de emancipação possível para a humanidade.

CONSIDERAÇÕES FINAIS

A humanidade que é carregada na locomotiva do capitalismo, locomotiva esta desgovernada, necessita do freio de mão para que não morra juntamente com o sistema que não sustenta mais a vida humana (Benjamin). Como traçado no presente estudo, o capitalismo e o direito caminham no mesmo sentido. A forma jurídica, bem como todos os mecanismos que são desenvolvidos para a proteção do sujeito de direito tem como *Leitimotiv* a própria forma mercantil.

Conforme visto, a filosofia marxista a partir dos trabalhos maduros de Marx retirou os escombros ideológicos do direito, demonstrando que toda a construção da forma jurídica caminha com o Estado desde sua origem. Assim, conclusão necessária será a de que o fim do capitalismo gera, consequentemente, o fim do direito.

Dentro dessa tradição marxista, a chamada "Escola" de Frankfurt, mais propriamente um grupo de teoria crítica ligado ao Instituto de Pesquisa Social, iniciou suas investigações multidisciplinares a partir do marxismo ocidental inaugurado por Georg Lukács em *História e consciência de classes*. Com o passar dos anos, especificamente a partir da Segunda Guerra Mundial, dissolve-se a confiança dos filósofos na revolução e no reconhecimento do proletário como o sujeito que, emancipando-se, vence a luta de classes. Não há mais motivos para se crer na emancipação.

Acreditamos que Theodor W. Adorno caminhou no mesmo sentido do Instituto, o que fica claro na comparação de trabalhos e correspondências escritos antes da Segunda Guerra, como os produzidos durante os anos finais adiante. Textos como *Reflexões sobre a teoria de classes* e parte de *Minima moralia* não deixam dúvida de que acreditava na possibilidade da revolução, ainda que as melhoras nas condições de vida pudessem fazer crer o contrário.

Isso não quer dizer que Adorno não tenha nada a dizer para a análise crítica do direito. Sua filosofia do direito, embora não seja propriamente um filósofo do direito, auxilia-nos a entender e compreender a forma de atuação da lei e da norma sobre o indivíduo transformado em sujeito. Em determinados momentos sua crítica é insipiente, como no caso dos direitos humanos, mas ainda assim pode colaborar para a construção de uma crítica do capitalismo e do sujeito de direito.

Esse mesmo sujeito de direito que é o núcleo do pensamento jurídico e que provoca a morte do indivíduo real. Conforme Adorno teorizou, o capitalismo transforma o indivíduo em mônada e por meio da indústria cultural enfraquece sua autonomia diante da heteronormatividade. Tais mecanismos enfraquecem a consciência autocrítica necessária para a formulação de vias para a emancipação.

A filosofia de Adorno reconhece a natureza do direito na violência desde as origens míticas. A técnica jurídica, resultado do desenvolvimento do esclarecimento mítico, fechou as possibilidades do pensamento crítico, também, ao jurista que não consegue enxergar a realização da justiça além da institucionalização determinada pelo Estado.

O próprio Estado se utiliza de tais mecanismos ideológicos e violentos para atuar no consciente e no subconsciente das massas. No nazifascismo, o Estado de exceção teria força de determinar desde coisas grandes, como o holocausto de milhões de pessoas, até as decisões corriqueiras no dia a dia das pessoas. Parece que Adorno entende que melhor seria um Estado de normalidade em que as violações dos direitos humanos não existiriam; os direitos civis e políticos deveriam ser respeitados e garantidos; a morte não seria a normalidade. Adorno, nesse ponto, mostra-se conservador e não alinhado à teoria marxista que vê o fim do Estado como resultado da luta de classes.

"As fendas e fissuras do mundo", que Adorno gostaria que se mantivessem abertas e expostas para a luz messiânica, estão plenamente escancaradas com os acontecimentos históricos do século XX. No mundo jurídico, a crítica marxista expôs acertadamente a falácia do neoliberalismo em fazer creditar que o direito e a justiça coincidem, o que não pode ser verdade: o direito será violento (*Gewalt*), por nunca permitir a resistência do oprimido para além do campo de batalha produzido pela classe dominante; o direito será o legitimador do Estado, do capitalismo e de suas contradições, sendo que seu núcleo filosófico, o sujeito de direito, só existe em função da mercadoria, assim, com Pachukanis, "o fetichismo da mercadoria se completa no fetichismo jurídico"; o direito se utiliza da técnica jurídica e da estrutura de poder para se legitimar e inculcar ainda mais os valores monadológicos individualistas no indivíduo; mas o que o direito não será é meio de emancipação. E nisso Adorno parece de acordo.

Quanto às saídas de Adorno para a construção de uma consciência verdadeira, autônoma e autocrítica por meio da educação não parece ser viável enquanto a própria educação estiver mergulhada no mar ideológico. Mesmo que se reconheça o poder da educação extracurricular na formação do ser humano, deve-se lutar para a construção de valores coletivos, na educação para a consciência de classe com fins de pensar a felicidade.

Por fim, após a presente pesquisa, concluímos que é inegável a colaboração de Adorno para o pensamento marxista que parte do próprio Marx e que busca o bem social como o fim em si mesmo.

No final da vida, Adorno terá abandonado os estudos propriamente políticos para se dedicar à estética. Ocorre que também há um papel emancipatório nesta como categoria que se liga, necessariamente, à política. Embora não tenhamos adentrado no campo específico da arte, ou melhor, na crítica estética de Adorno, concluímos que há ferramentas de grande potência de superação da sociabilidade com a superação das práticas materiais ideológicas, bloqueadas pela indústria cultural.

O que Adorno não percebeu é que a aproximação com a morte é mais provável num ambiente de normalidade do que na exceção. A biopolítica constrói a ação violenta contra determinados grupos já historicamente alijados de possibilidades de igualdade material. A consciência mutilada por uma esfera social predatória, reflexo de um sistema econômico consumista, também predatório, em que tudo é descartável para que a mercadoria circule, chega a promover manifestações externas desse ódio pelo grupo: há impedimento de emancipação plena no neoliberalismo, pois a construção filosófica do sistema de reprodução dos meios de produção avaliza a perpetuação da injustiça.

Por fim, a permanência do Estado, totalitário ou de normalidade, não permite a superação da forma mercantil que impede a realização da luz messiânica. A democracia formal e os institutos que impedem a ação do sujeito engajado na mudança do estado de injustiça, embora tenham o papel de proteção da ação política, não podem ser considerados como valores universais, sob pena de impedir a real forma de emancipação possível para a humanidade (PEREIRA, 2012, p. 268-269).

O tom apocalíptico de seus escritos, como toda melancolia de esquerda, permite a esperança na realização do justo, não sem depositarmos no campo da luta de classes a realização efetiva da "luz messiânica".

REFERÊNCIAS

Segue a lista de obras utilizadas para a presente pesquisa, elencadas em separado as do próprio Theodor W. Adorno. O filósofo produziu muitos textos relevantes, contribuindo significativamente para o marxismo. Dentre tais trabalhos, em sua maioria ensaios, alguns se tornaram bases elementares da teoria crítica da sociedade e da política contemporânea. Parte de suas correspondências também contribuiu para compreender seu pensamento.

Obras de Theodor W. Adorno

ADORNO, Theodor W. "A filosofia muda o mundo ao manter-se como teoria". Tradução para o português de Gabriel Cohn. *Lua Nova*. São Paulo: CEDEC, 2003, nº 60, p. 134. Entrevista concedida à revista *Der Spiegel*, nº 19, 1969a.

_____. A teoria freudiana e o padrão de propaganda fascista. *Margem esquerda*. São Paulo: Boitempo, nº 7, 2006, p. 164-189.

_____. Caracterização de Walter Benjamin. In: _____. *Prismas:* crítica cultural e sociedade. 2. impr. Tradução para o português de Augustin Wernet e Jorge Mattos Brito de Almeida. São Paulo: Ática, 2001a, p. 223-238.

ADORNO, Theodor W. Cómo combater el antissemitismo hoy. In: _____. *Miscelánea I*. Tradução para o espanhol de Joaquín Chamorro Mielke. Madri: Akal, 2010a, p. 365-386.

_____. Contra las leyes de emergencia. In: _____. *Miscelánea I*. Tradução para o espanhol de Joaquín Chamorro Mielke. Madri: Akal, 2010b, p. 399-400.

_____. Cultura y administración. In: _____; HORKHEIMER, Max. *Sociologica*. 2. ed. Tradução para o espanhol de Víctor Sánchez de Zavala. Madri: Taurus, 1971, p. 69-97.

_____. Crítica cultural e sociedade. In: _____. *Prismas: crítica cultural e sociedade*. 2. impr. Tradução para o português de Augustin Wernet e Jorge Mattos Brito de Almeida. São Paulo: Ática, 2001b, p. 7-26.

_____. Dialektik Negative. In: *Gesellschaft. Gesammelte Schriften*. Band 6. Frankfurt am Main: Suhrkamp Verlag, 1990.

_____. *Dialética Negativa*. Tradução para o português de Marco Antonio Casanova. Rio de Janeiro: Zahar, 2009a.

_____. Educação após Auschwitz. In: _____. *Educação e Emancipação*. Tradução para o português de Wolfgang Leo Maar. Rio de Janeiro: Paz e Terra, 2010c, p. 119-138.

_____. Educação contra a barbárie. In: _____. *Educação e Emancipação*. 5. reimp. Tradução para o português de Wolfgang Leo Maar. Rio de Janeiro: Paz e Terra, 2010c1, p. 155-168.

_____. Educação e emancipação. In: _____. *Educação e Emancipação*. 5. reimp. Tradução para o português de Wolfgang Leo Maar. Rio de Janeiro: Paz e Terra, 2010d, p. 169-185.

_____. Educação – para quê?. In: _____. *Educação e Emancipação*. 5. reimp. Tradução para o português de Wolfgang Leo Maar. Rio de Janeiro: Paz e Terra, 2010d1, p. 169-185.

_____. Erziehung nach Auschwitz. In: _____. *Prismen: Kulturkritik und Gesellschaft. Gesammelte Schriften*. Band 10/1. Frankfurt am Main: Suhrkamp Verlag, 1977, p. 119-138.

ADORNO, Theodor W. Estudios sobre la personalidad autoritaria. In: _____. *Escritos Sociologicos II*. V. 1. Tradução para o espanhol de Agustín González Ruiz. Madri: Akal, 2009, p. 147-525.

_____. Ideologia. In: _____. *Temas básicos de sociologia*. Tradução para o português de Álvaro Cabral. São Paulo: Cultrix, 1973a, p. 184-205.

_____. Indivíduo. In: _____. *Temas básicos de sociologia*. Tradução para o português de Álvaro Cabral. São Paulo: Cultrix, 1973b, p. 45-60.

_____. Individuo y Estado. *In:* _____. *Miscelánea I*. Tradução para o espanhol de Joaquín Chamorro Mielke. Madri: Akal, 2010e, p. 287-292.

_____. *Introdução à Sociologia (1968)*. Tradução para o português de Wolfgang Leo Maar. São Paulo: EDUNESP, 2008a.

_____. La URSS y la paz. *In:* _____. *Miscelánea I*. Tradução para o espanhol de Joaquín Chamorro Mielke. Madri: Akal, 2010f, p. 393-396.

_____. Liderazgo democrático y manipulación de masas. In: _____. *Miscelánea I*. Tradução para o espanhol de Joaquín Chamorro Mielke. Madri: Akal, 2010g, p. 267-286.

_____. Los tabus sexuales y el derecho hoy. In: _____. *Intervenciones*. Tradução para o espanhol de Roberto J. Vernengo. Caracas: Monte Avila, 1969b, p. 91-115.

_____. *Minima moralia*. Tradução para o português de Gabriel Cohn. Rio de Janeiro: Beco do Azougue, 2008b.

_____. Notas marginales sobre teoría y praxis. In: _____. *Consignas*. Tradução para o espanhol de Ramón Bilbao. Buenos Aires: Amorrortu, 1973c, p. 159-180.

_____. Observações sobre o pensamento filosófico. In: _____. *Palavras e Sinais:* modelos críticos 2. Tradução de Maria Helena Ruschel. Petrópolis: Vozes, 1995.

ADORNO, Theodor W. Progresso. *Lua Nova*. Tradução para o português de Gabriel Cohn. São Paulo: CEDEC, 1992, nº 27, p. 217-236.

_____. Que significa elaborar o passado. In: _____. *Educação e Emancipação*. Tradução para o português de Wolfgang Leo Maar. Rio de Janeiro: Paz e Terra, 2010h, p. 29-50.

_____. Sobre el sujeto y objeto. In: _____. *Consignas*. Tradução para o espanhol de Ramón Bilbao. Buenos Aires: Amorrortu, 1973d, p. 143-158.

_____. Sobre a ingenuidade épica. In: _____. *Notas de Literatura I*. Tradução para o português de Jorge M. B. de Almeida. São Paulo: Duas Cidades/Ed. 34, 2003, p. 47-54.

_____. Sociedade. In: _____. *Temas básicos de sociologia*. Tradução para o português de Álvaro Cabral. São Paulo: Cultrix, 1973e, p. 25-44.

_____. Teoria da semicultura. *Educação & Sociedade*. Tradução para o português de Newton Ramos-de-Oliveira *et alii*. Campinas: CEDES, ano XVII, nº 56, dez. 1996, p. 388-411.

_____. Teoría de la sociedad y investigación empírica. In: _____. *Epistemología y ciências sociales*. Madri: Cátedra, 2001c, p. 93-100.

_____. *et alii*. *The authoritarian personality*. Nova Iorque: Wiley, 1964.

_____. *Três Estudos sobre Hegel*. Tradução de Ulisses Razzante Vaccari. São Paulo: UNESP, 2013.

ADORNO, Theodor W.; BENJAMIN, Walter. *Correspondência:* 1928-1940. Tradução para o português de José Marcos Mariani de Macedo. São Paulo: Unesp, 2012.

ADORNO, Theodor W.; HORKHEIMER, Max. Dialektik der Aufklärung. *In: Gesellschaft. Gesammelte Schriften*. Band 3. Frankfurt am Main: Suhrkamp Verlag, 1990.

ADORNO, Theodor W.; HORKHEIMER, Max. *Dialética do Esclarecimento*. 1. reimp. Tradução para o português de Guido Antonio de Almeida. Rio de Janeiro: Zahar, 2006.

Referências gerais

AGUILERA, Antonio. Introdução. In: ADORNO, Theodor W. *Actualidad de la filosofia*. Tradução para o espanhol de José Luis Arantegui Tamoyo. Barcelona: Paidós/Instituto de Ciencias de la Educación, 1991, p. 9-70.
ALMEIDA, Silvio Luiz de. *O direito no jovem Lukács: a filosofia do direito em História e consciência de classe*. São Paulo: Alfa-Ômega, 2006.
ALTHUSSER, Louis. *Aparelhos Ideológicos de Estado:* notas sobre aparelhos ideológicos de Estado. 12.reimp. Tradução de Walter José Evangelista e Maria Laura Viveiros de Castro. Rio de Janeiro: Edições Graal, 2012.
_____. Elementos de Autocrítica. In: _____. *Posições I*. Rio de Janeiro: Graal, 1978, p. 81-90.
_____. Sobre o Jovem Marx. In: _____. *Por Marx*. Campinas: Unicamp, 2015, p. 39-70.
ARANTES, Paulo. Introdução. *Os Pensadores*. Textos Escolhidos: Walter Benjamin, Max Horkheimer, Theodor W. Adorno, Jürgen Habermas. São Paulo: Abril Cultural, 1980.
ARENDT, Hannah. *Eichmann em Jerusalém*. Traduzido por José Rubens Siqueira. São Paulo: Companhia das Letras, 1999.
BAUMAN, Zygmunt. *Modernidade Líquida*. Tradução de Plínio Dentzien. Rio de Janeiro: Zahar, 2001.
BECKER, Mathias. *Natur, Herrschaft, Recht: Das Recht der ersten Natur in der zweiten: Zum Begriff eines negativen Naturrechts bei Theodor Wiesengrund Adorno*. Berlim: Dunker & Humblot, 1997.
BENHAHIB, Seyla. A crítica da razão instrumental. In: ZIZEK, Slavoj (Org.). *Um mapa da ideologia*. Tradução para o português de Vera Ribeiro. Rio de Janeiro, Contraponto, 1996.

BENJAMIN, Walter. Crítica da violência – Crítica do poder. In: _____. *Documentos de cultura: Documentos de barbárie*. Tradução de Willi Bolle *et alii*. São Paulo: Cultrix, 1986.

_____. Fragmento teológico-político. In: _____. *O anjo da história*. Tradução de João Barrento. Belo Horizonte: Autêntica, 2012, p. 23-24.

_____. *Passagens*. Belo Horizonte/São Paulo: UFMG/Imprensa Oficial, 2009.

_____. Sobre o conceito da História. In: _____. *Magia e Técnica. Arte e Política*. São Paulo: Brasiliense, 1994 (2010).

CALDAS, Camilo Onoda. Política e Direito no pensamento marxista de Umberto Cerroni. *Anais do 5º Colóquio Internacional Marx-Engels*. Campinas: CEMARX, 2007, p. 1-9.

CAMARGO, Sílvio César. *Modernidade e dominação:* Theodor Adorno e a teoria social contemporânea. São Paulo: Annablume, 2006.

CHAUÍ, Marilena. Marx e a Democracia (o jovem Marx leitor de Espinosa). In: KONDER, Leandro; CERQUEIRA FILHO, Gisálio; FIGUEIREDO, Eurico de Lima (Orgs). *Por que Marx?* Rio de Janeiro: Edições Graal, 1983, p. 257-292.

CROCHÍK, José Leon. Nota sobre o texto 'Padrão de Propaganda Fascista'. *Margem Esquerda*. São Paulo: Boitempo, maio 2006, p. 159-163.

DOUZINAS, Costas. Adikia: On Communism and Rights. *In:* _____; ŽIŽEK, Slavoj (Eds.). *The idea of communism*. Londres/Nova Iorque: Verso, 2010.

_____. *O fim dos direitos humanos*. Tradução de Luzia Araújo. São Leopoldo: Unisinos, 2009.

DUARTE, Rodrigo. Adorno marxista. In: _____. *Adornos:* nove ensaios obre o filósofo frankfurtiano. Belo Horizonte: UFMG, 1997, p. 109-115.

_____. Sobre o conceito dialético de esclarecimento. In: TIBURI, Márcia; DUARTE, Rodrigo (Orgs.). *Seis leituras sobre a Dialética do Esclarecimento*. Ijuí: Unijuí, 2009.

DUSSEL, Enrique. Europa, modernidade e eurocentrismo. In: LANDER, Edgardo (Org.) *A colonialidade do saber:* Eurocentrismo e ciências sociais. Perspectivas latino-americanas. São Paulo: CLACSO, 2005.

ENGELS, Friedrich. *A origem da família, da propriedade privada e do Estado*: trabalho relacionado com as investigações de L. H. Morgan. Rio de Janeiro: Bertrand Brasil, 1997.

ERKERT, Jonathan Erik Von; PEREIRA, Luiz Ismael. Sobre a Filosofia do Direito Brasileira: do conservadorismo à crítica. In: FEITOSA, Enoque *et alii*. (Orgs.). *Direitos Humanos e Justiça Social*. João Pessoa: EdUFPB, 2011, p. 221-242.

FREITAG, Barbara. *A teoria crítica:* ontem e hoje. 5. ed. 1. reimp. São Paulo: Brasiliense, 2004.

HIRSCH, Joachim. *Teoria Materialista do Estado*. Rio de Janeiro: Revan, 2010.

HORKHEIMER, Max. La teoría crítica, ayer y hoy. In: _____. *Sociedad en transición:* estudios de filosofia social. Barcelona: Planeta Agostini, 1972.

_____. Teoria Tradicional e Teoria Crítica. In: BENJAMIN, Walter; *et alii. Textos escolhidos*. Os Pensadores. Tradução de José Lino Grünnewald *et alii*. São Paulo: Abril Cultural, 1980, p. 117-154.

JAMESON, Fredric. *O marxismo tardio: Adorno, ou a persistência da dialética*. São Paulo: EDUNESP/Boitempo, 1997.

KANT, Immanuel. *Crítica da razão pura*. 7. ed. Tradução de Manuela Pinto dos Santos e Alexandre Fradique Morujão. Lisboa: Fundação Calouste Gulbenkian, 2010.

KASHIURA JR., Celso Naoto. *Crítica da igualdade jurídica:* contribuição para o pensamento jurídico marxista. São Paulo: Quartier Latin, 2009.

LASTÓRIA, Luiz A. de Calmon Nabuco. *Ethos* sem ética: a perspectiva crítica de T. W. Adorno e M. Horkheimer. *Educação & Sociedade*. São Paulo: Cortez; Campinas: CEDE, ano XXII, nº 76, out. 2001, p. 63-75.

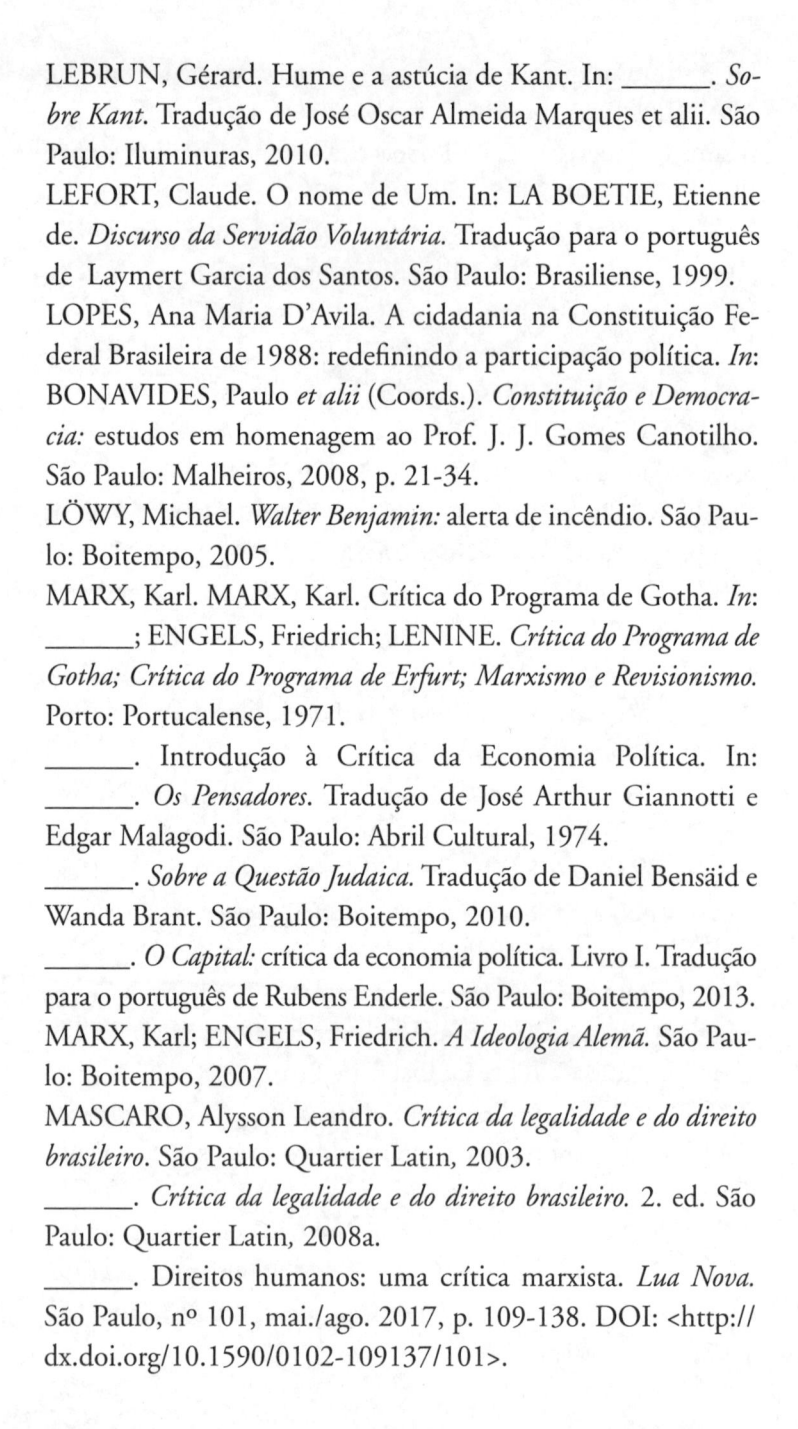

LEBRUN, Gérard. Hume e a astúcia de Kant. In: _____. *Sobre Kant*. Tradução de José Oscar Almeida Marques et alii. São Paulo: Iluminuras, 2010.
LEFORT, Claude. O nome de Um. In: LA BOETIE, Etienne de. *Discurso da Servidão Voluntária*. Tradução para o português de Laymert Garcia dos Santos. São Paulo: Brasiliense, 1999.
LOPES, Ana Maria D'Avila. A cidadania na Constituição Federal Brasileira de 1988: redefinindo a participação política. *In*: BONAVIDES, Paulo et alii (Coords.). *Constituição e Democracia:* estudos em homenagem ao Prof. J. J. Gomes Canotilho. São Paulo: Malheiros, 2008, p. 21-34.
LÖWY, Michael. *Walter Benjamin:* alerta de incêndio. São Paulo: Boitempo, 2005.
MARX, Karl. MARX, Karl. Crítica do Programa de Gotha. *In*: _____; ENGELS, Friedrich; LENINE. *Crítica do Programa de Gotha; Crítica do Programa de Erfurt; Marxismo e Revisionismo.* Porto: Portucalense, 1971.
_____. Introdução à Crítica da Economia Política. In: _____. *Os Pensadores*. Tradução de José Arthur Giannotti e Edgar Malagodi. São Paulo: Abril Cultural, 1974.
_____. *Sobre a Questão Judaica*. Tradução de Daniel Bensäid e Wanda Brant. São Paulo: Boitempo, 2010.
_____. *O Capital:* crítica da economia política. Livro I. Tradução para o português de Rubens Enderle. São Paulo: Boitempo, 2013.
MARX, Karl; ENGELS, Friedrich. *A Ideologia Alemã*. São Paulo: Boitempo, 2007.
MASCARO, Alysson Leandro. *Crítica da legalidade e do direito brasileiro*. São Paulo: Quartier Latin, 2003.
_____. *Crítica da legalidade e do direito brasileiro*. 2. ed. São Paulo: Quartier Latin, 2008a.
_____. Direitos humanos: uma crítica marxista. *Lua Nova*. São Paulo, nº 101, mai./ago. 2017, p. 109-138. DOI: <http://dx.doi.org/10.1590/0102-109137/101>.

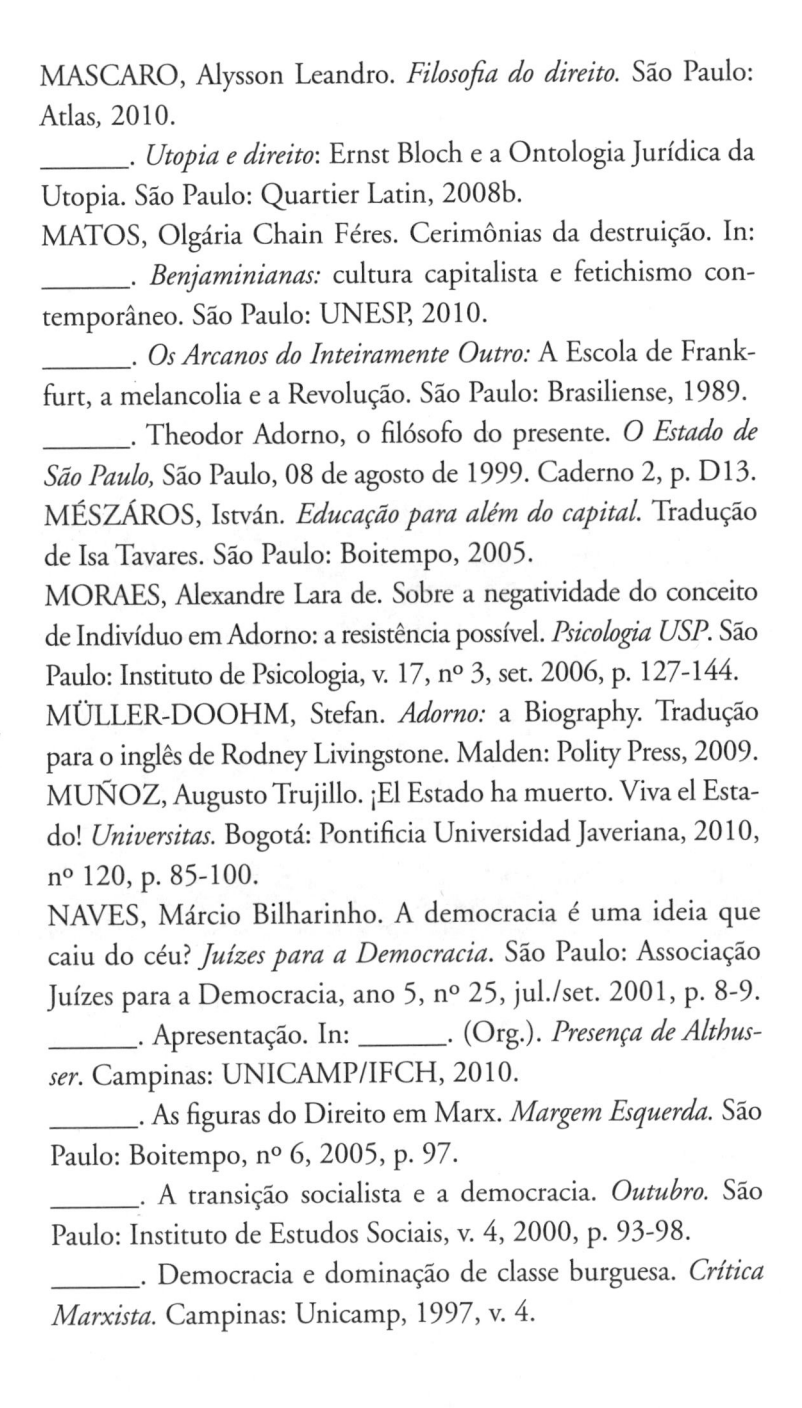

MASCARO, Alysson Leandro. *Filosofia do direito*. São Paulo: Atlas, 2010.

_____. *Utopia e direito*: Ernst Bloch e a Ontologia Jurídica da Utopia. São Paulo: Quartier Latin, 2008b.

MATOS, Olgária Chain Féres. Cerimônias da destruição. In: _____. *Benjaminianas:* cultura capitalista e fetichismo contemporâneo. São Paulo: UNESP, 2010.

_____. *Os Arcanos do Inteiramente Outro:* A Escola de Frankfurt, a melancolia e a Revolução. São Paulo: Brasiliense, 1989.

_____. Theodor Adorno, o filósofo do presente. *O Estado de São Paulo*, São Paulo, 08 de agosto de 1999. Caderno 2, p. D13.

MÉSZÁROS, István. *Educação para além do capital*. Tradução de Isa Tavares. São Paulo: Boitempo, 2005.

MORAES, Alexandre Lara de. Sobre a negatividade do conceito de Indivíduo em Adorno: a resistência possível. *Psicologia USP*. São Paulo: Instituto de Psicologia, v. 17, nº 3, set. 2006, p. 127-144.

MÜLLER-DOOHM, Stefan. *Adorno:* a Biography. Tradução para o inglês de Rodney Livingstone. Malden: Polity Press, 2009.

MUÑOZ, Augusto Trujillo. ¡El Estado ha muerto. Viva el Estado! *Universitas*. Bogotá: Pontificia Universidad Javeriana, 2010, nº 120, p. 85-100.

NAVES, Márcio Bilharinho. A democracia é uma ideia que caiu do céu? *Juízes para a Democracia*. São Paulo: Associação Juízes para a Democracia, ano 5, nº 25, jul./set. 2001, p. 8-9.

_____. Apresentação. In: _____. (Org.). *Presença de Althusser*. Campinas: UNICAMP/IFCH, 2010.

_____. As figuras do Direito em Marx. *Margem Esquerda*. São Paulo: Boitempo, nº 6, 2005, p. 97.

_____. A transição socialista e a democracia. *Outubro*. São Paulo: Instituto de Estudos Sociais, v. 4, 2000, p. 93-98.

_____. Democracia e dominação de classe burguesa. *Crítica Marxista*. Campinas: Unicamp, 1997, v. 4.

NAVES, Márcio Bilharinho. *Marxismo e Direito:* um estudo sobre Pachukanis. São Paulo: Boitempo, 2008.

PACHUKANIS, Evigeny. *Teoria Geral do Direito e Marxismo.* Tradução de Paula Vaz de Almeida. São Paulo: Boitempo, 2017.

PEREIRA, Luiz Ismael. Emancipação, direito e cidadania a partir de Theodor Adorno. *Revista Direito Mackenzie.* São Paulo, v. 6, n. 2, p. 251-271. Disponível em: <http://editorarevistas.mackenzie.br/index.php/rmd/article/view/6651>. Acesso em: 10 mai. 2017.

_____. Princípios, regras e políticas públicas: crítica do sistema jurídico e seus mecanismos de promoção de igualdade social. *In:* FERRAZ, Anna Candida da Cunha; LEISTER, Margareth Anne. *II Colóquio de Pesquisa – 2011*: Panorama da Pesquisa em Direito. Osasco: Edifieo, 2012.

PEREIRA, Luiz Ismael; CALDAS, Camilo Onoda. O fenômeno Shtistorm: internet, intolerância e violação de direitos humanos. *Interfaces Científicas: Humanas e Sociais*, Aracaju, v. 6, nº 1, p. 123-134, jun. 2017. DOI: <http://dx.doi.org/10.17564/2316-3801.2017v6n1p123-134>.

POGREBINSCHI, Thamy. O enigma da Democracia em Marx. *Revista Brasileira de Ciências Sociais.* São Paulo, ANPOCS, v. 22, nº 63, fev. 2007, p. 55-67.

PUCCI, Bruno. A filosofia e a música na formação de Adorno. *Educação & Sociedade.* São Paulo: Cortez; Campinas: CEDE, nº 83, v. 24, ago. de 2003, p. 379.

RAMÍREZ, José Carlos García. Siete Tesis sobre la descolonización de los derechos humanos em Karl Marx: um diagnóstico popular para evaluar la calidad de la democracia em América Latina. *Tabula Rasa.* Bogotá: Universidad Colegio Mayor de Cundinamarca, nº 11, jul./dez. 2009

RESNICK, Stephen; WOLFF, Richard D. The economic crisis: a marxian interpretation. *Rethinkig Marxism.* Amherst:

AESA/Universidad of Massachusetts, v. 22, n° 2, abr. 2010, p. 170-186.
ROUSSEAU, Jean-Jacques. Discurso sobre a origem e os fundamentos da desigualdade entre os homens. *Os Pensadores*. 5. ed. São Paulo: Nova Cultural, 1991
SAFATLE, Vladimir. Apresentação à edição brasileira: os deslocamentos da dialética. *In:* ADORNO, Theodor W. *Três Estudos sobre Hegel*. Tradução de Ulisses Razzante Vaccari. São Paulo: UNESP, 2013.
SCHOLEM, Gershom. *Walter Benjamin:* a história de uma amizade. São Paulo: Perspectiva, 2008.
SILVA, Aline de Fátima Sales. *O sentido educativo do mito na formação do homem grego*. Dissertação (Mestrado em Educação). Goiânia: Universidade Federal de Goiás, 2009.
THÉVENIN, Nicole-Édith. Ideologia Jurídica e Ideologia Burguesa (ideologia e práticas artísticas). Tradução de Márcio Bilharinho Naves. *In*: NAVES, Márcio Bilharinho (Org.). *Presença de Althusser*. Campinas: UNICAMP/IFCH, 2010a.
THÉVENIN, Nicole-Édith. O itinerário de Althusser. Tradução de Márcio Bilharinho Naves. In: NAVES, Márcio Bilharinho (Org.). *Presença de Althusser*. Campinas: UNICAMP/IFCH, 2010b.
TIBURI, Marcia. *Crítica da razão e mímesis no pensamento de Theodor W. Adorno*. Porto Alegre: EDIPUCRS, 1995.
_____. *Metamorfoses do conceito:* Ética e dialética negativa em Theodor Adorno. Porto Alegre: EDUFRGS, 2005.
_____. Os 100 anos de Theodor Adorno e a filosofia depois de Auschwitz. *Cadernos IHU Ideias*. São Leopoldo: IHU, 2004, p. 1-20.
TISESCU, Alessandra Devulsky. *Edelman: altusserianismo, direito e política*. São Paulo: Alfa-Ômega, 2011.
THWAITES REY, Mabel. *La autonomía como búsqueda, El Estado como contradicción*. Buenos Aires: Prometeo libros, 2004.
VILLEY, Michel. *Le droits et les droits de l'homme*. 2. ed. Paris: Universitaires de France, 1990.

VISQUERA, Sergio Tischler. Adorno: la cárcel conceptual del sujeto, El fetichismo político y la lucha de clases. In: HOLLOWAY, John; MATAMOROS, Fernando; TISCHLER, Sergio (Orgs.). *Negatividad y revolution:* Theodor W. Adorno y la política. Buenos Aires/Puebla: Herramienta/Universidad de Puebla, 2007, p. 111-128.

WHITEBOOK, Joel. A união de Marx e Freud: A Teoria Crítica e a Psicanálise. In: RUSH, Fred. *Teoria Crítica.* Tradução de Beatriz Katinsk e Regina Andrés Rebollo. Aparecida: Ideias & Letras, 2008.

WIGGERSHAUS. Rolf. *A Escola de Frankfurt:* História, desenvolvimento teórico, significação política. 2. ed. Tradução de Lilyane Deroche-Gurgel e Vera de Azambuja Harvey. Rio de Janeiro: DIFEL, 2006.

ZAMORA, José A. Th. W. Adorno y la aniquilación del individuo. *Isegoría.* Madri: Centro de Ciências Humanas e Sociais/CSIC, n. 28, 2003, p. 232.

ZORITA, Eduardo Maura. Para una lectura crítica de *Hacia la crítica de la violencia* de Walter Benjamin: Schmitt, Kafka, Agamben. *Isegoría.* Madri: Centro de Ciências Humanas e Sociais/CSIC, n. 41, 2009, p. 267.

Esta obra foi composta em CTcP
Capa: Supremo 250g – Miolo: Pólen Soft 80g
Impressão e acabamento
Gráfica e Editora Santuário